Collection folio junior

A mes parents
Joan et Victor Morris

Titre original :
Crypt of the Vampire

Dave Morris

Le Tombeau du Vampire

Traduit de l'anglais
par Patrick Floersheim

Illustrations de Leo Hartas

Gallimard

Sommaire

Comment combattre les créatures des Cryptes du Vampire

Vous êtes un aventurier qui a sillonné une grande partie du monde connu. Votre insatiable besoin d'accepter les missions les plus risquées, de relever d'impossibles défis, votre goût pour le combat, vous ont amené à affronter les créatures les plus monstrueuses, des sorciers et des magiciens aux pouvoirs diaboliques, et bien d'autres adversaires étranges et terrifiants. Et toujours, vous êtes sorti vainqueur des combats que vous avez dû mener contre eux. Ces années d'aventure ont développé vos réflexes, votre habileté et votre force à un point tel que peu d'hommes seraient capables de vous résister en combat singulier. Et une fois encore, vous allez être amené à risquer votre vie, là où bien d'autres intrépides aventuriers ont échoué avant vous. Allez-vous vous montrer digne du surnom que vous ont fait mériter tous les exploits que vous avez accomplis ? Car voilà bien longtemps que nul ne connaît plus votre véritable nom, mais que tous tremblent devant le Dragon d'Or !

Endurance, Habileté et Psi

Avant d'entreprendre la nouvelle aventure qui vous attend, il vous faut tout d'abord déterminer vos forces et vos faiblesses. Deux dés, un crayon, une gomme et une feuille de papier, sont tout ce dont vous allez avoir besoin pour cela. En pages 8 et 9, vous trouverez une Feuille d'Aventure sur laquelle vous pourrez inscrire tous les détails d'une partie. Nous vous conseillons de faire des photocopies de ces deux pages, afin de pouvoir les utiliser lorsque vous jouerez à nouveau.

Lancez deux dés. Ajoutez 20 au chiffre obtenu, et inscrivez le total dans la case ENDURANCE de votre Feuille d'Aventure.

Lancez ensuite un dé. Ajoutez 3 au chiffre obtenu, et inscrivez le total dans la case HABILETÉ de votre Feuille d'Aventure.

Lancez à nouveau un dé. Ajoutez 3 au chiffre obtenu, et inscrivez le total dans la case PSI de votre Feuille d'Aventure.

Pour des raisons qui vous seront expliquées plus loin, les points d'ENDURANCE, d'HABILETÉ et de PSI changent constamment au cours de l'aventure. Vous devrez garder un compte exact de ces points, et nous vous conseillons, à cet effet, d'écrire vos chiffres très petits dans les cases, et d'avoir votre gomme à portée de la main. Mais n'effacez jamais vos points de départ (ou total initial). Car, bien que vous puissiez obtenir des points supplémentaires d'ENDURANCE, d'HABILETÉ et de PSI, jamais ce total ne pourra excéder vos points de départ, sauf en de très rares occasions qui vous seraient alors signalées à un paragraphe particulier.

Vos points d'ENDURANCE traduisent votre force, votre volonté de survivre, votre détermination, et votre forme physique et morale en général. Plus vos points d'ENDURANCE sont élevés, plus longtemps vous serez capable de survivre. Si, par malheur, votre total d'ENDURANCE devient égal à zéro, vous êtes mort, et il ne vous restera plus qu'à recommencer l'aventure à son point de départ.

Vos points d'HABILETÉ reflètent votre agilité. Et il vous faudra beaucoup d'habileté pour escalader des murs, franchir d'un bond puits ou abîmes, ou passer inaperçu auprès d'un trop grand nombre d'ennemis.

Avec vos points de PSI, vous saurez si vous pourrez résister aux sortilèges qui vous seront jetés, si vous êtes réceptif aux communications psychiques et, d'une façon générale, si vous avez suffisamment de volonté pour faire face à des situations devant lesquelles vous pourriez perdre votre sang-froid.

Combats

Il vous sera souvent demandé, au long des pages de ce livre, de combattre des créatures de toutes sortes. Parfois, vous aurez la possibilité de Fuir. Sinon, ou si vous décidez, de toute façon, de faire face à un adversaire, le combat se déroulera comme suit.Tout

La Feuille d'Aventure

HABILETÉ	ENDURANCE	PSI
Total de départ =	*Total de départ =*	*Total de départ =*

ÉQUIPEMENT TRANSPORTÉ

OR

BIJOUX

POTIONS

ÉTAT DE VOS PROVISIONS

CASES DES RENCONTRES AVEC UN MONSTRE

Endurance =	*Endurance =*	*Endurance =*
Endurance =	*Endurance =*	*Endurance =*
Endurance =	*Endurance =*	*Endurance =*
Endurance =	*Endurance =*	*Endurance =*

d'abord, vous inscrivez les points d'Endurance de la créature dans une case vide des Rencontres avec un Monstre, sur votre Feuille d'Aventure. Les points d'ENDURANCE correspondant à chaque créature sont donnés dans le livre, chaque fois que vous faites une rencontre. Le combat se déroule alors ainsi :

1. Jetez les deux dés, et comparez le chiffre obtenu avec les chiffres figurant sur le tableau que vous trouverez dans chaque paragraphe où vous devrez livrer combat.

2. Diminuez le total d'ENDURANCE de votre adversaire, ou le vôtre, du nombre de points qui sera alors précisé.

3. Commencez le deuxième assaut en reprenant à l'étape 1. Et poursuivez ainsi jusqu'à ce que vos points d'ENDURANCE, ou ceux de la créature que vous combattez, aient été réduits à zéro (mort).

Fuite

A certaines pages, vous aurez la possibilité de Fuir un combat, s'il vous semble devoir mal se terminer pour vous. Si cette possibilité vous est donnée, et si vous en décidez ainsi, votre adversaire tentera de vous frapper dans le dos, au moment où vous ferez demi-tour. Jetez alors deux dés pour savoir si vous êtes blessé. Si le résultat obtenu est supérieur à votre total d'HABILETÉ, vous recevez un coup dans le dos, et vous perdez 3 points d'ENDURANCE. Mais si ce résultat est égal ou inférieur à votre total d'HABILETÉ, vous réussissez à Fuir sans dommage.

Equipement

Au début de l'aventure, vous ne disposez que d'un équipement minimum. Vous êtes armé d'un poignard et d'une épée... De plus, vous êtes revêtu d'une armure, et vous disposez d'une gourde d'eau fraîche, et d'un Sac à Dos qui vous servira à transporter les trésors ou les objets que vous trouverez tout au long de votre chemin. Inscrivez au fur et à mesure toutes vos trouvailles dans la case Equipement de votre Feuille d'Aventure. Lors de certaines rencontres, vous aurez à utiliser tel ou tel de ces objets qui se révèleront peut-être indispensables, utiles, ou dont les effets pourront être néfastes... selon les indications qui vous seront données.

Indications sur le jeu

Vous voici presque prêt à vous lancer dans l'aventure. Mais attention : si vous lisez les pages qui vont suivre comme les pages d'un livre habituel, l'histoire n'aura aucun sens. Suivez bien toutes les indications qui vous seront données, et vous découvrirez rapidement que cette histoire évoluera suivant les choix que VOUS déciderez. Un chemin mène jusqu'au Tombeau du Vampire. Dressez un plan au fur et à mesure que vous progresserez : ainsi, si vous échouez à votre première tentative, vous pourrez vous guider plus facilement, éviter les pièges qui vous seront tendus, vous emparer d'objets utiles ou ignorer ceux qui ne vous auront pas porté chance.

Le Bois du Regret

C'est avec une certaine tristesse que vous avez quitté, de bon matin, le petit village de la Roche-Posée, niché dans un méandre d'une calme rivière. Après votre dernière mission, vous aviez pu vous y reposer tout à loisir, et même vous y faire quelques amis — fait plutôt rare lorsque l'on est accompagné de la réputation qui est la vôtre. Car, si la foule se presse autour de vous lorsque, terrorisée par une créature quelconque, vous êtes son seul recours pour l'en protéger, elle s'écarte vite dès que vous l'avez débarrassée de l'objet de sa peur. Le commun des mortels craint, en effet, ceux pour qui, vie et mort sont mots du quotidien, ou plus simplement, ceux qui osent risquer leur vie pour eux. Curieusement, et bien que connaissant tous vos exploits, les habitants de la Roche-Posée vous avaient accueilli avec simplicité, souriant même aux yeux écarquillés de leurs enfants écoutant les récits de vos aventures passées. Mais vous êtes un homme d'action, et bien vite vous avez regardé avec nostalgie votre fidèle épée, immobile dans son fourreau. Et, quand la nouvelle est arrivée qu'une troupe de bandits menée par un immonde magicien mettait à sac la province voisine, il ne vous a fallu que quelques instants pour prendre la décision de vous mettre en route sans plus tarder pour Fière-Tour, sa capitale.
Et depuis ce matin, vous marchez. Vous avez tout d'abord traversé de riantes prairies. Puis, le soleil de l'après-midi vous a accompagné à travers les collines jusqu'à la Saudre, une rivière que vous avez suivie

pendant les quelques heures qui vous séparaient du crépuscule. C'est lorsque l'ombre de la nuit est arrivée qu'il a commencé à pleuvoir, et que l'air s'est subitement rafraîchi. Vous n'étiez plus séparé de la ville que par le Bois du Regret. Bien sûr, il vous aurait été possible de contourner ce lieu sinistre, refuge d'incroyables légendes. Mais il était déjà tard, et vous vouliez atteindre Fière-Tour avant que ses portes ne soient fermées pour la nuit. Aussi, bravant le lugubre sifflement du vent, vous vous êtes engagé dans le Bois du Regret. Une erreur, à n'en pas douter. Car, dans l'obscurité, vous vous êtes rapidement écarté du sentier bien tracé que vous suiviez. Difficile, maintenant, d'éviter de dormir à la belle étoile, dans la brume et sous la pluie ! Cette nuit ne sera certainement pas votre meilleur souvenir !

Et maintenant, tournez la page...

1 *Un petit chemin qui s'écarte du sentier vous mène à une grande grille.*

1

Le crépuscule tombe dans le Bois du Regret, alors que vous avancez péniblement le long d'un sentier qui n'est guère plus qu'un fossé boueux. Fouetté par des rafales de pluie glaciale, vous grelottez, et vous n'avez aucun mal à croire aux mystérieuses et terrifiantes légendes qui courent sur ces lieux inhospitaliers. Au loin, mais ils se rapprochent, vous entendez les hurlements des loups. Vous savez qu'il vous faudra bientôt trouver un abri, car vous ne voulez surtout pas que la nuit vous surprenne dans cette contrée hostile. Devant vous, à travers un rideau de bruine, vous apercevez un haut mur de pierre envahi de mousse et de lierre. Un petit chemin qui s'écarte du sentier vous mène à une grande grille · à travers ses barreaux de fer, vous distinguez un jardin lugubre, où des arbres à l'abandon et des buissons semblent se recroqueviller sous la pluie. Une allée de gravier traverse une pelouse, et conduit selon toute apparence à une maison où vous pourriez, peut-être, tenter de vous abriter. C'est une perspective peu enthousiasmante, mais les loups sont tout près maintenant, et vous sentez que vous n'avez plus le choix. Au moment où vous tendez la main vers le loquet, vous remarquez avec inquiétude que les motifs de la grille semblent dessiner une silhouette : une forme vaguement humaine aux énormes griffes recourbées. Allez-vous :

Ouvrir la grille ? Rendez-vous au **69**

Escalader la grille ? Rendez-vous au **95**

Longer le mur à la recherche d'une autre entrée ? Rendez-vous au **277**

2

Vous vous avancez dans le couloir, qui, un peu plus loin, tourne brusquement vers la droite. Alors que vous vous approchez de ce coude, deux Archers vêtus de tuniques sombres surgissent devant vous, et, sans prononcer un mot, ils bandent leur arc, et deux flèches sifflent vers vous. Lancez deux dés : si le chiffre que vous obtenez est égal ou inférieur à votre total d'HABILETÉ, rendez-vous au **139**. Si ce chiffre est inférieur à ce même total, rendez-vous au **222**.

3

L'eau est glacée et, de plus, désagréablement visqueuse. Vous découvrez néanmoins 8 Pièces d'Or que vous ajoutez à celles que contient votre bourse (n'oubliez pas de les inscrire sur votre Feuille d'Aventure). Vous vous dirigez maintenant vers la porte.
Rendez-vous au **129**.

4

Vous rampez dans un étroit boyau, en direction d'une lueur que vous apercevez devant vous, et bientôt vous débouchez dans un tunnel. La lueur provient d'une lampe à huile suspendue au plafond du tunnel, et la lumière qu'elle diffuse est suffisante pour vous permettre de distinguer une porte située à l'extrémité droite du tunnel. Vous pouvez décrocher la lampe à huile et l'emporter avec vous. Inscrivez alors cet objet sur votre Feuille d'Aventure, et rendez-vous au **81**. Mais vous pouvez également prendre le tunnel vers la gauche (rendez-vous au **2**), ou vers la droite (rendez-vous au **107**).

5

Vous constatez que la pédale est cassée, mais que le rouet peut cependant tourner librement. Allez-vous le faire tourner dans le sens des aiguilles d'une montre (rendez-vous au **59**), ou dans le sens inverse (rendez-vous au **265**) ? Si vous préférez ne pas y toucher, et poursuivre votre chemin vers la porte qui vous fait face, rendez-vous au **32**.

6

Le goût du fromage vous surprend agréablement. Mais si seulement vous aviez un verre de bon vin pour l'accompagner ! Vous poursuivez votre chemin, et vous ouvrez la porte. Rendez-vous au **164**.

7

Vous faites quelques pas, et soudain vous frissonnez sous l'effet de la fumée bleue. La chambre se met à tourbillonner et vous atteignez l'autel en chancelant, renversant le calice contenant le liquide rouge. Horrifié, vous écarquillez les yeux devant les hallucinations terrifiantes provoquées par des volutes de fumée empoisonnée : il vous semble en effet que de petites créatures noires surgissent de derrière les tentures, se précipitent sur vous et rampent sur votre corps. Au bout d'un moment vous perdez conscience, ce qui est préférable ! Possédez-vous un crucifix ? Si oui, rendez-vous au **217**. Sinon, rendez-vous au **113**.

8

Avez-vous de l'ail dans votre Sac à Dos ? Si oui, rendez-vous au **13**. Si vous n'en possédez pas, rendez-vous au **22**.

9

Il vous regarde, les yeux fixes, mais le visage déformé par la haine. Manifestement il est fou, ou victime d'un sortilège ! Il se prépare à vous décocher une flèche, et il vous faut le combattre. Rendez-vous au **153**.

10

Vous ouvrez les yeux et, peu à peu, le souvenir des événements que vous venez de vivre vous revient en mémoire. Autour de vous, l'obscurité est totale. Au bout d'un temps indéfini, il semble que vous ayez repris suffisamment de forces pour essayer de quitter cette demeure infernale. Vous essayez de vous relever, mais vous vous rendez compte avec horreur que vous êtes entièrement paralysé. Vous sentez une présence — quelqu'un ou quelque chose tout près de vous —, pourtant vous ressentez un calme étrange. Un chuchotement vous berce, et bientôt vous sombrez de nouveau dans un profond sommeil. Lorsque vous rouvrirez les yeux ce sera pour rejoindre la cohorte des morts vivants qui, comme vous, ont été les victimes du Vampire.

11

Vous tendez la main pour ouvrir le coffre quand, tout à coup, la corde noire se détend comme un fouet et s'enroule autour de votre cou. Vous essayez de l'arracher, mais en vain. Elle se resserre autour de votre gorge comme un collet. Vous perdez 2 points d'ENDURANCE. Si, toutefois, vous êtes encore en vie, vous feriez bien de réfléchir vite, sinon vous allez mourir étouffé. Allez-vous :

Vous précipiter vers la porte ?	Rendez-vous au **96**
Essayer de couper la corde noire ?	Rendez-vous au **117**
Ouvrir le coffre ?	Rendez-vous au **16**

12

Vous luttez pour repousser l'esprit démoniaque que la Sorcière a fait surgir des contrées souterraines. Mais il est trop fort pour vous. Vos défenses mentales cèdent sous les coups implacables de son attaque psychique. Votre corps sans vie s'écroule, et viendra bientôt se joindre aux ingrédients qui bouillonnent dans le chaudron de la Sorcière.

13

Le Seigneur Vampire a senti l'odeur de l'ail. Il tourne autour de vous avec prudence. Vous devez le combattre mais, grâce aux effets de l'ail, il n'est plus un adversaire aussi redoutable qu'il le serait normalement.

SEIGNEUR DES TÉNÈBRES	ENDURANCE : 18

Lancez deux dés. Si vous obtenez :
de 2 à 6 : vous recevez une blessure, et vous perdez 4 points d'ENDURANCE ;
de 7 à 12 : le Vampire perd 3 points d'ENDURANCE.
Si vous menez le combat à son terme, et si vous êtes vainqueur, rendez-vous au **111**. Mais vous pouvez

prendre la Fuite après le premier Assaut en vous précipitant vers l'autre porte. Lancez, dans ce cas, les dés à la manière habituelle, et rendez-vous au **199**.

14

Vous vous décidez enfin et vous cueillez une des plus petites pousses. Elle a une couleur marron répugnante et sa forme désagréable évoque une araignée boursouflée. Vous la mettez dans votre bouche et vous l'avalez tout entière, en grimaçant. Pendant un moment aucun effet ne se fait sentir. C'est seulement lorsque vous commencez à bouger que tout vous paraît soudainement irréel : les arbres semblent se pencher sur vous et des visages grimaçants se montrent dans les craquelures de leur écorce. Leurs lourdes branches deviennent des mains aux griffes menaçantes... Vous vous sentez fort mal en point et vous êtes pris de vertiges. Puis, aussi subitement qu'il était venu, le malaise disparaît. Vous gagnez 3 points d'ENDURANCE et 1 point de PSI. Votre clairvoyance psychique vous a fait choisir l'un des rares champignons aux effets bénéfiques. Enhardi par votre bonne fortune, vous décidez de retourner à la cheminée et de redescendre dans les cryptes, prêt à affronter tous les dangers qui se présenteront à vous. Rendez-vous au **181**.

15

Vous pénétrez dans une grande salle balayée de courants d'air, qui vous semble être un bureau ou une bibliothèque. Vous vous approchez d'une cheminée dans laquelle des bûches sont préparées, mais vous avez beau tout essayer pour allumer une bonne

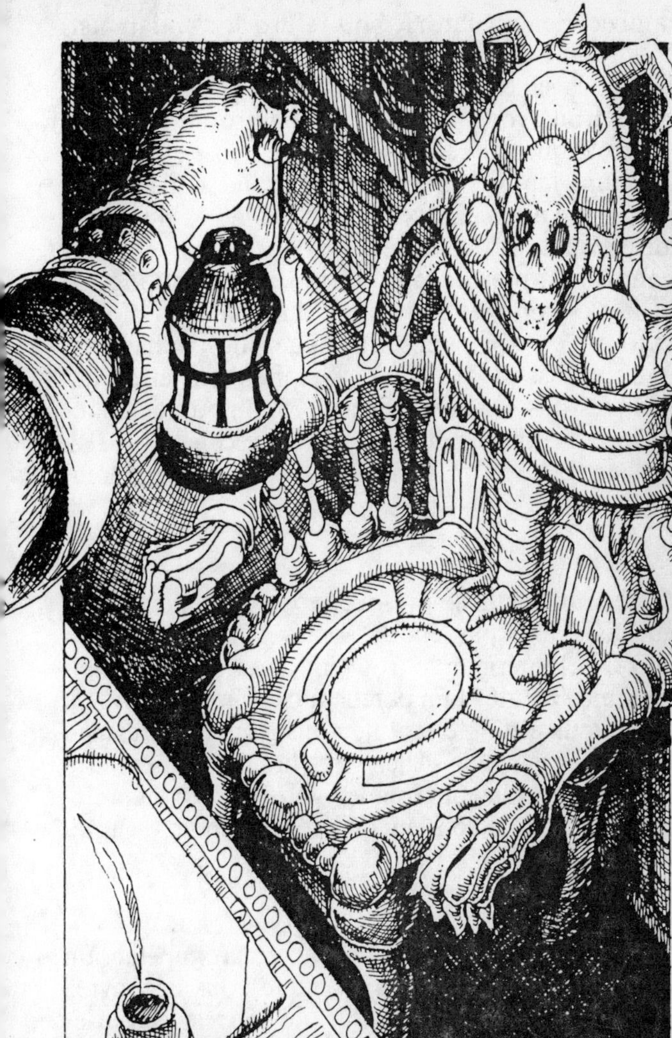

15 *Vous pouvez apercevoir, près de la table, un fauteuil étrange.*

flambée, rien n'y fait : le bois refuse de s'enflammer. Totalement transi de froid, vous vous dirigez vers le fond de la salle. Dans la semi-obscurité qui règne en cet endroit, vous vous cognez contre une table et vous manquez de renverser un objet posé sur sa surface : une lampe ! C'est avec un grand soulagement que vous l'allumez. (N'oubliez pas de la noter sur votre Feuille d'Aventure.) Vous pouvez apercevoir maintenant, près de la table, un fauteuil étrange. Il est fait d'ivoire, et est sculpté d'inquiétants motifs. Autour de vous, vous distinguez des milliers de livres entassés. Si vous souhaitez en examiner quelques-uns, rendez-vous au **178**. Sinon vous pouvez revenir dans le hall et gravir l'escalier (rendez-vous au **252**), ou vous engager dans le passage (rendez-vous au **36**).

16

Votre crâne explose presque, vos poumons sont en feu, mais vous parvenez à soulever le couvercle du coffre. A l'intérieur se trouvent une fiole contenant un liquide bleuté et un parchemin cacheté de cire. La corde vous étrangle et il ne vous reste que très peu de temps pour agir. Allez-vous lire ce qui peut être écrit sur le parchemin (rendez-vous au **248**) ou préférez-vous boire le contenu de la fiole (rendez-vous au **159**) ?

17

Le coffre n'est pas fermé à clé, et la stupéfaction peut se lire dans vos yeux lorsque vous découvrez qu'il est plein à ras bord d'or, de pierres précieuses et de bijoux. Vous êtes abasourdi devant tant de richesse. Portez-vous un casque d'or ? Si oui, rendez-vous au **177**. Sinon, rendez-vous **152**.

18

L'escalier débouche dans un tunnel au sol carrelé de tuiles. Il vous semble en apercevoir l'extrémité lorsque vous l'éclairez vers la gauche, en tendant votre lanterne devant vous. Rendez-vous au **44**.

19

Vaincu, le Lutin agonise à vos pieds. Le sang qui suinte de ses nombreuses blessures tache le sol de sombres traînées vertes. Maintenant la créature redevient visible. Se raccrochant à la vie quelques instants encore, elle lève les yeux vers vous et paraît vouloir dire quelque chose. Allez-vous vous pencher vers elle pour essayer d'entendre ses dernières paroles (rendez-vous au **72**), ou, sans lui prêter plus d'attention, préférez-vous poursuivre votre chemin (rendez-vous au **124**) ?

20

Une odeur âcre vous prend à la gorge, provenant des dépouilles qui sont enfouies là et d'os en décomposition. La sinistre lueur que vous avez aperçue se transforme en brume verte et, dans cette atmosphère raréfiée, votre lanterne brûle si faiblement que vous êtes terrorisé à l'idée qu'elle puisse s'éteindre. Alors, d'entre les lames pourries du parquet, surgissant d'une sépulture innommable, la créature fait irruption. Grande, décharnée, le teint jaunâtre, elle est revêtue d'un couvre-armure poussiéreux et à demi pourri, témoin d'un passé révolu. Le monstre vous observe et vous ne pouvez que voir l'éclat glacial de ses yeux profondément enfoncés dans leurs orbites, aussi froids que les étoiles d'une nuit d'hiver. Cette créature est un Spectre, et vous savez que votre épée ne peut rien contre elle. Possédez-vous un chandelier en argent ? Si oui, rendez-vous au **73**. Sinon, vous ne pouvez que prendre la Fuite. Inutile alors de lancer les dés comme à l'accoutumée. Rendez-vous au **47**.

21

Vous lâchez prise et vous retombez lourdement au fond de la cheminée, en vous tordant la jambe : dès que vous essayez de bouger, une douleur terrible vous déchire la cheville. Vous pourrez poursuivre votre chemin après avoir bandé votre cheville foulée, mais désormais vous serez handicapé. Enlevez 1 point de votre total d'HABILETÉ. Découragé, vous quittez la pièce. Rendez-vous au **219**.

22

Malheureusement pour vous, vous ne pouvez atténuer, sans ail, la férocité du Vampire. C'est un adversaire au faîte de sa puissance que vous allez devoir combattre.

BARON TÉNÉBRON	ENDURANCE : 18

20 *Alors, surgissant d'une sépulture, la créature fait irruption.*

Lancez deux dés. Si vous obtenez :
de 2 à 7 : vous êtes blessé et vous perdez 4 points d'ENDURANCE ;
de 8 à 12 : le Vampire perd 3 points d'ENDURANCE.

Si vous menez le combat à son terme et si vous êtes vainqueur, rendez-vous au **111**. Mais vous pouvez prendre la Fuite après le premier Assaut en vous précipitant vers l'autre porte. Lancez, dans ce cas, deux dés à la manière habituelle, et rendez-vous au **199**.

23

En apercevant le crucifix, le Molosse des Ténèbres gémit et se recroqueville dans un coin de la pièce... Lentement, vous vous dirigez vers le passage sans le quitter des yeux, craignant une nouvelle attaque. Mais le monstre est trop terrorisé. C'est à peine s'il émet un vague grognement lorsque vous atteignez le couloir. Rendez-vous au **283**.

24

Vous pénétrez dans une galerie dont les murs sont percés de meurtrières étroites, régulièrement espacées. Tout en progressant vers la porte qui se trouve à son extrémité, vous distinguez à travers les meurtrières un extraordinaire paysage éclairé par la lune. Vous apercevez une troupe de chevaliers caparaçonnés de noir, qui chevauchent à bride abattue vers le sommet d'une colline boisée, où se dressent deux tentes. Allez-vous vous attarder pour observer cette étrange scène (rendez-vous au **151**) ou préférez-vous continuer votre chemin vers la porte (rendez-vous au **50**) ?

25

Vous brandissez l'amulette, en espérant qu'elle vous donnera un pouvoir sur les chauves-souris. Hélas pour vous, c'est une regrettable erreur car elles fondent sur vous, sans y prêter la moindre attention. L'une d'elles vous déchire les yeux de ses griffes et vous hurlez de douleur et de terreur. De leurs crocs minuscules, aussi acérés que des aiguilles, elles vous transpercent de toute part et vous les sentez qui se désaltèrent de votre sang qui coule des multiples blessures qu'elles vous infligent. Vous finissez par vous effondrer sous le nombre de vos adversaires qui arrivent de plus en plus nombreux. Vous vous débattez encore un bref instant avant de vous immobiliser. Définitivement.

26

Portez-vous le Casque d'Or ? Si oui, rendez-vous au **92**. Sinon, rendez-vous au **24**.

27

Vous pouvez choisir dans votre Sac à Dos l'un des objets suivants :

Un Os de marbre	Rendez-vous au **106**
Un Crucifix	Rendez-vous au **23**
Une Gousse d'ail	Rendez-vous au **155**

Mais si vous ne possédez aucun de ces objets, il vous faut dégainer votre épée et combattre la créature. Rendez-vous au **134**.

28

Le souffle court, vous vous adossez au mur pour prendre quelque repos après ce combat exténuant.

Vous retrouvez vite vos forces, et vous vous apprêtez à quitter la pièce lorsque vous remarquez un bracelet d'or étroitement serré autour du poignet décharné du Spectre. Si vous voulez le prendre, rendez-vous au **55**. Mais si vous préférez quitter immédiatement la pièce en vous introduisant par l'orifice qui s'ouvre dans le mur, rendez-vous au **4**.

29

Vous ouvrez la porte, et vous vous retrouvez dans une sorte d'atelier. Un homme ventru, vêtu d'une robe de bure, semblable à celles que portent les moines, est assis près d'un feu de bois qui crépite dans une grande cheminée. Il achève de fabriquer une lanterne, et il vous regarde d'un air surpris. Allez-vous le menacer de votre épée (rendez-vous au **89**) ou le saluer amicalement (rendez-vous au **215**) ?

30

Vous ouvrez une bouteille et vous avalez quelques gorgées du liquide qu'elle contient. Soudain, la tête vous tourne : le vin est fort, très fort. Vous perdez 1 point d'ENDURANCE et 2 points de PSI et, titubant quelque peu, vous vous dirigez vers l'autre porte. Rendez-vous au **78**.

31

Au bout de quelques instants, le grattement reprend. Maintenant vous l'entendez clairement car il est de plus en plus fort, comme si quelqu'un ou quelque chose essayait de se frayer un chemin à coups d'ongles pour vous atteindre. Soudain, un craquement sec se fait entendre, et une des lames du plancher se soulève brutalement. De la terre apparaît entre les lattes de bois qui commencent à se tordre et à se bri-

29 *Un homme ventru, vêtu d'une robe de bure est assis près d'une grande cheminée.*

ser les unes après les autres. Une voix s'élève des profondeurs, ou plus exactement un sourd mugissement inarticulé qui évoque des éternités de ténèbres et d'immobilité. Vous vous rendez compte avec horreur que votre lanterne faiblit, tandis qu'une pâle lumière verte monte comme une vague de dessous le plancher défoncé. Puis, dans un jaillissement de terre sépulcrale, apparaît un bras décharné. Un terrible danger vous menace. Si vous souhaitez faire front et combattre, en essayant de trancher ce bras d'un coup d'épée, rendez-vous au **147**. Si vous préférez plonger dans le tunnel qui s'ouvre dans le mur d'en face et déguerpir avant que la monstrueuse créature n'ait eu le temps de s'extraire de sa tombe, rendez-vous au **4**.

32

Une fois passé la porte, un couloir vous amène vite à un croisement. Le plus large des trois nouveaux couloirs part vers la droite et vous décidez de le suivre. Rendez-vous au **193**.

33

La pièce dans laquelle vous venez de pénétrer est beaucoup plus petite que la salle de musique, et vous êtes sur le point de vous diriger vers un tunnel qui s'en éloigne, quand vous entendez un bruit derrière vous. C'est un grondement puissant — bien différent de la mélodie du quatuor des squelettes — qui semble provenir de derrière un rideau qui cache une alcôve située dans un coin de la pièce. Si vous désirez aller voir de quoi il s'agit, rendez-vous au **60**. Si vous décidez d'ignorer ce grondement et vous engager dans le tunnel, rendez-vous au **124**.

34

Vous ouvrez la porte à la volée, et vous pénétrez dans un couloir que vous parcourez pendant quelques mètres. Puis il oblique vers la gauche. Dans le coude du couloir, sur la droite, se trouve une petite porte en bois. Vous décidez de l'ignorer et de continuer votre chemin. Rendez-vous au **186**.

35

Vous faites quelques pas, mais l'effet de la fumée bleue se fait alors ressentir et vous frissonnez. La chambre se met soudain à tourbillonner et vous reculez vers l'autel en chancelant, renversant le calice qui contient le liquide rouge. Horrifié, vous écarquillez les yeux devant les hallucinations terrifiantes provoquées par la fumée empoisonnée : en effet, de petites créatures noires surgies de derrière les tentures se précipitent sur vous et rampent sur votre corps ! Bientôt, vous perdez connaissance, ce qui sans doute est préférable. Possédez-vous un Crucifix ? Si oui, rendez-vous au **217**. Sinon, rendez-vous au **113**.

36

Les parois du couloir dans lequel vous progressez à présent sont faites de panneaux de bois massif de couleur rouge, qui semblent par endroit avoir été brisés. Intrigué, vous parvenez bientôt à proximité d'une porte étroite située sur votre droite. Quelques mètres plus loin, le couloir oblique sur la gauche devant une grande porte décorée d'une enluminure dorée en forme de crucifix. Allez-vous :

Essayer d'ouvrir la porte étroite ?	Rendez-vous au **56**
Vous diriger vers la porte au crucifix ?	Rendez-vous au **29**
Poursuivre votre chemin ?	Rendez-vous au **105**

37

Vous vous arrachez à l'étreinte de l'Elfe Dément et vous vous précipitez vers la maison. Derrière vous, vous entendez son rire démoniaque. Il décoche deux flèches dans votre direction, mais heureusement les rafales de vent les font dévier toutes deux de leur trajectoire, et elles ne font que vous frôler. Arrivé près de la maison, vous vous retournez, le souffle court, et vous constatez avec soulagement que votre adversaire s'éloigne. Rendez-vous au **80**.

38

A peine avez-vous fait quelques pas en direction de la petite porte qu'il vous semble entendre une sorte de musique. Intrigué, vous tendez l'oreille et vous vous approchez davantage. Maintenant les sons d'une étrange mélodie vous parviennent clairement, quoique faiblement. Et la musique provient sans aucun doute de derrière la porte. Vous pouvez pousser cette porte pour connaître l'origine de ce phénomène (rendez-vous au **164**). Mais si vos dernières mésaventures vous ont rendu méfiant, vous pouvez fouiller votre Sac à Dos dans l'espoir d'y trouver un objet qui pourrait vous êtes utile (rendez-vous au **137**). Mais vous pouvez également vous diriger vers la porte de chêne (rendez-vous au **255**).

39

Ravis, la Sorcière et son Corbeau vous observent d'un œil féroce, tandis que vous combattez la créature qu'elle a fait apparaître. Les lueurs dorées se rapprochent à travers la brume rouge. L'Esprit Démoniaque tente de vous détruire par ses pouvoirs sataniques, mais vous résistez et, par un intense effort de volonté, vous finissez par repousser son assaut. La brume rouge se dissipe alors, et vous avancez vers la Sorcière. Vous avez failli mourir sous les coups de ce Démon, et vous avez soif de vengeance. Rendez-vous au **66**.

40

A vos pieds, le Squelette n'est plus qu'un petit tas d'ossements. Vous décidez de fouiller la pièce soigneusement, car l'idée vous vient que le Squelette devait très certainement garder quelque chose. En effet, en enlevant les toiles d'araignées d'une étagère située au fond de la pièce, vous découvrez un Casque d'Or. Souhaitez-vous le prendre ? Dans ce cas, notez-le sur votre Feuille d'Aventure et rendez-vous au **53**. Si vous préférez ne pas y toucher, vous regagnez le couloir. Rendez-vous au **104**.

41

Vous portez le champignon à votre bouche et, réprimant le dégoût que vous inspire son odeur fétide, vous le mâchez sans grande conviction. Tout à coup, une vive sensation de brûlure vous parcourt la gorge, puis les veines de votre cou et remonte jusqu'à votre cerveau. Vous essayez de recracher le morceau de champignon mais il est trop tard. Le poison a gagné maintenant tout votre organisme et vous vous effondrez dans la boue. Votre corps va pourrir, se décomposer là, au fin fond du Bois du

Regret. Et, même si plus tard des voyageurs égarés vous aperçoivent, ils ne verront que votre fantôme condamné à une errance éternelle, car votre existence terrestre est à présent terminée.

42

A peine la Reine Noire s'est-elle écroulée à vos pieds que vous la voyez s'évanouir, ainsi que le champ de bataille, comme une buée... Vous ajoutez 1 point à votre total de PSI, et votre ENDURANCE revient à son total de départ. Vous êtes de nouveau dans la salle : vous avez battu le vieillard aux échecs. D'un geste de la main, il fait disparaître toutes les pièces. Puis il fait réapparaître trois nouvelles pièces blanches, un fou, une tour et un cavalier. Ils sont munis de lanières de cuir afin qu'on puisse les porter autour du cou. Vous pouvez prendre l'une de ces amulettes. Laquelle allez-vous choisir ?

Le Fou ? Rendez-vous au **67**
La Tour ? Rendez-vous au **243**
Le Cavalier ? Rendez-vous au **128**

43

L'épée vous glisse des mains et sa lame, effilée comme un rasoir, vous entaille profondément la veine jugulaire ! Vous voudriez hurler en voyant votre sang gicler à grands flots sur le sol de pierre, mais la corde qui se resserre encore plus autour de votre gorge ne laisse passer qu'un pauvre sanglot étranglé. Vous tombez en arrière sur le coffre. Le dernier son que vous entendrez, comme s'il venait déjà d'un autre monde, sera celui de votre nuque qui se brise dans l'étau mortel de la corde magique.

44

Au bout de quelques pas, vous arrivez devant un portail bas situé dans un renfoncement du mur de droite. Si vous désirez l'ouvrir, rendez-vous au **100**. Mais vous pouvez poursuivre votre route le long du tunnel. Rendez-vous dans ce cas au **223**.

45

Vous sortez en courant de la pièce, et vous claquez la porte. Vous entendez s'agiter le Squelette derrière vous mais, de toute évidence, il est trop stupide pour penser à ouvrir la porte afin de vous poursuivre. Rendez-vous au **104**.

46

Le Lutin est étendu, mort, dans une mare de sang vert qui s'écoule de ses nombreuses blessures. Vous cherchez la Flûte en Or, mais vous ne tardez pas à découvrir qu'elle s'est brisée en tombant sur le sol de pierre. Rayez cet objet de votre Feuille d'Aventure. Vous fouillez rapidement la pièce, sans découvrir quoi que ce soit d'intéressant, et vous poursuivez donc votre chemin le long du tunnel. Rendez-vous au **124**.

47

Vous vous précipitez vers la porte mais, bien que vous ayez agi avec la plus grande rapidité, le Spectre s'est mis au travers de votre chemin et vous frappe tout à son aise. Vous perdez 3 points d'ENDURANCE. Si toutefois vous êtes encore vivant, vous êtes parcouru de tremblements : un horrible frisson glacial prend naissance à l'endroit où le Spectre vous a touché et se répand dans tout votre corps. Lancez deux dés. Si le chiffre que vous obtenez est inférieur ou égal à votre total de PSI, rendez-vous au **270**. Si ce chiffre est supérieur à ce même total, rendez-vous au **191**.

48

Vous pouvez maintenant examiner l'autel (rendez-vous au **54**) ou continuer dans le couloir pour explorer la pièce qui se trouve à son extrémité (rendez-vous au **210**).

49

Vous atteignez enfin l'extrémité supérieure de la cheminée, et vous vous hissez à l'extérieur. Le sommet de la cheminée est caché dans une construction qui ressemble à un four à briques abandonné. Il est ainsi à l'abri des regards indiscrets des bûcherons et des voyageurs. Vous vous y accroupissez pendant quelques instants, aspirant goulûment l'air de la nuit, et vous reposez vos membres fatigués par la longue et périlleuse ascension. Vous inspectez la forêt qui vous entoure, aux aguets, mais rien ne semble bouger dans l'obscurité. Il ne pleut plus, mais l'air reste froid et humide. Les gouttes d'eau tombant des feuilles marmonnent et chuchotent comme des âmes perdues. Si vous désirez essayer de quitter le Bois du Regret, rendez-vous au **103**. Mais si vous préférez redescendre dans les cryptes, rendez-vous au **181**.

50

Vous franchissez la porte, et vous vous retrouvez au sommet d'un escalier en colimaçon que vous descendez avec la plus grande prudence. Vous arrivez au bas des marches sans encombre, et vous êtes maintenant devant une porte que vous poussez. Une petite pièce s'offre alors à vos yeux. Dans le mur de gauche s'ouvre un couloir faiblement éclairé vers lequel

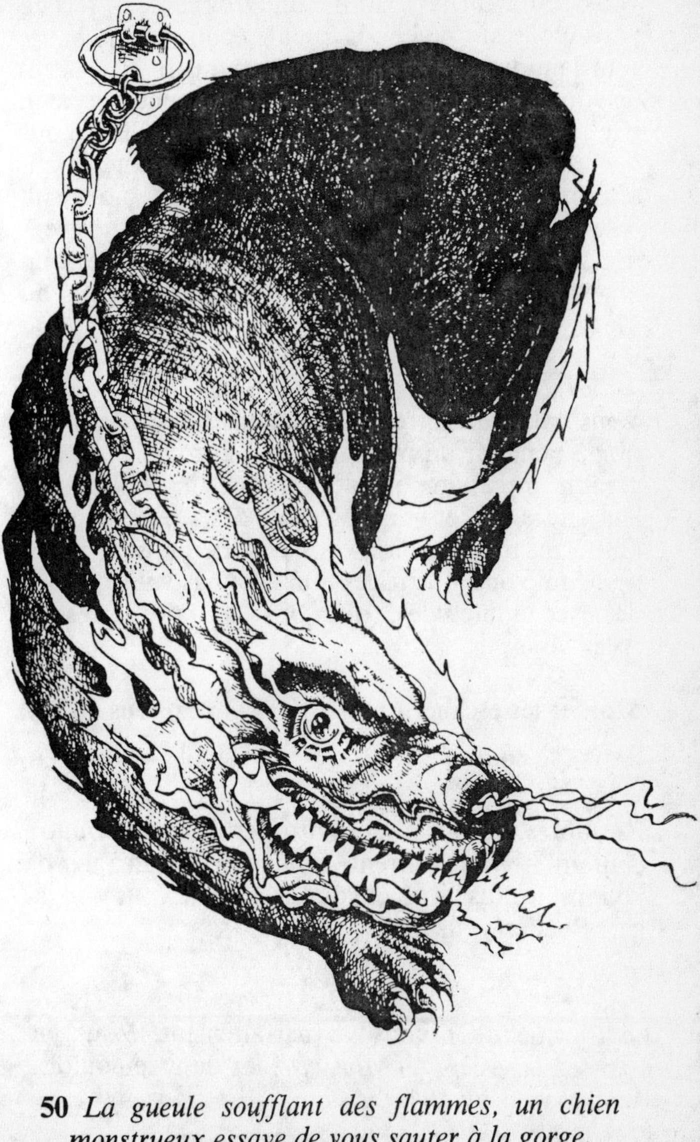

50 *La gueule soufflant des flammes, un chien monstrueux essaye de vous sauter à la gorge.*

vous vous dirigez. Mais un grognement féroce vous cloue sur place : la gueule écumante de bave, soufflant des flammes, un chien monstrueux essaye de vous sauter à la gorge. Il est heureusement retenu par une grosse chaîne prise dans son collier. Vous avez affaire au redoutable Molosse des Ténèbres. Il se ramasse sur lui-même, prêt à bondir de nouveau. Allez-vous tirer votre épée pour le combattre (rendez-vous au **134**) ? Mais peut-être possédez-vous un objet qui pourrait vous être utile (rendez-vous au **27**) ?

51

Vous balancez votre lanterne dans toutes les directions. Pendant un moment, vous éprouvez la désagréable impression que des créatures invisibles détalent en silence, et vont se cacher dans les recoins du hall. Sans trop y croire, vous décidez que ce sont vos nerfs qui vous jouent des tours et vous vous demandez avec inquiétude ce que vous allez faire à présent. Allez-vous :

Monter les escaliers ?	Rendez-vous au **252**
Suivre le couloir ?	Rendez-vous au **36**

52

Peu après, vous parvenez à un croisement. Quatre couloirs s'y rencontrent. Celui qui est en face de vous est le plus large, et vous décidez de vous y engager. Rendez-vous au **193**.

53

Le Casque d'Or vous va parfaitement. Vous en abaissez la visière, et vous revenez dans le couloir. Rendez-vous au **104**.

54

Lancez un dé. Si vous faites 1, 2 ou 3, rendez-vous au **77**. Si vous faites 4, 5 ou 6, rendez-vous au **185**.

55

Vous n'avez aucune difficulté à vous saisir du bracelet que vous glissez à votre poignet. Il ne semble posséder aucun pouvoir magique mais il doit bien valoir 80 Pièces d'Or. Vous pouvez à présent vous introduire dans l'étroit orifice que vous avez aperçu dans le mur. Rendez-vous au **4**.

56

La porte s'ouvre et vous découvrez une petite pièce qui est en fait une sorte de cagibi encombré d'un amoncellement d'objets : des boîtes, des cartons, des rouleaux de corde... Vous pouvez examiner ce qui semble bien être un débarras (rendez-vous au **198**), vous diriger vers la porte au crucifix (rendez-vous au **29**) ou poursuivre votre chemin (rendez-vous au **105**).

57

Vous goûtez le liquide contenu dans le calice et vous le recrachez aussitôt, saisi d'un horrible dégoût : vous avez failli boire du sang ! Vous perdez 3 points d'ENDURANCE. Affaibli par les nausées qui vous tordent l'estomac, vous quittez la pièce, et vos jambes chancelantes vous portent tant bien que mal vers le bout du couloir. Rendez-vous au **210**.

58

Vous percez une des lattes du plancher avec votre épée et, vous servant du fourreau comme d'un levier, vous parvenez à l'arracher. En dessous, il y a de la terre, dure et sèche. Le bruit de grattement recommence, plus fort qu'auparavant. Se pourrait-il qu'un malheureux ait été enterré vivant par quelque démon ? Avec frénésie, vous vous mettez à arracher les lattes les unes après les autres. Soudain vous entendez un bruit qui vous glace le sang : un mugissement inarticulé résonne sous le plancher ; un hurlement sourd, méchant, inhumain. Les lattes autour de vous se dressent, se brisent, comme repoussées par une force surnaturelle. Une brume vert pâle, effrayante, semble envahir la pièce, et souffle votre lanterne. Et puis, dans un jaillissement de terre sépulcrale, une créature d'épouvante se dresse devant vous, décharnée, jaunâtre, revêtue d'un couvre-armure en lambeaux. Ses yeux, profondément enfoncés dans leurs orbites, luisent comme les étoiles d'une nuit d'hiver. La créature est un Spectre, un mort vivant, doté de pouvoirs magiques terrifiants. Face à un tel monstre, peut-être songerez-vous que prudence est mère de courage, et tenterez-vous de Fuir. Si tel est le cas, contrairement à l'habitude, vous ne devez pas lancer les dés, mais vous rendre immédiatement au **47**. Si vous préférez faire face au Spectre et le combattre, allez-vous utiliser votre épée (rendez-vous au **280**), ou chercher dans votre Sac un objet qui pourrait vous être utile (rendez-vous au **235**) ?

59

Vous faites tourner la roue et... Rendez-vous au **286**.

60

D'un geste vous tirez le rideau, et vous découvrez une alcôve dans laquelle une créature trapue et à la musculature puissante, affalée sur une table de bois, dort en poussant de violents ronflements. Son visage au nez crochu, dont la laideur est encore aggravée

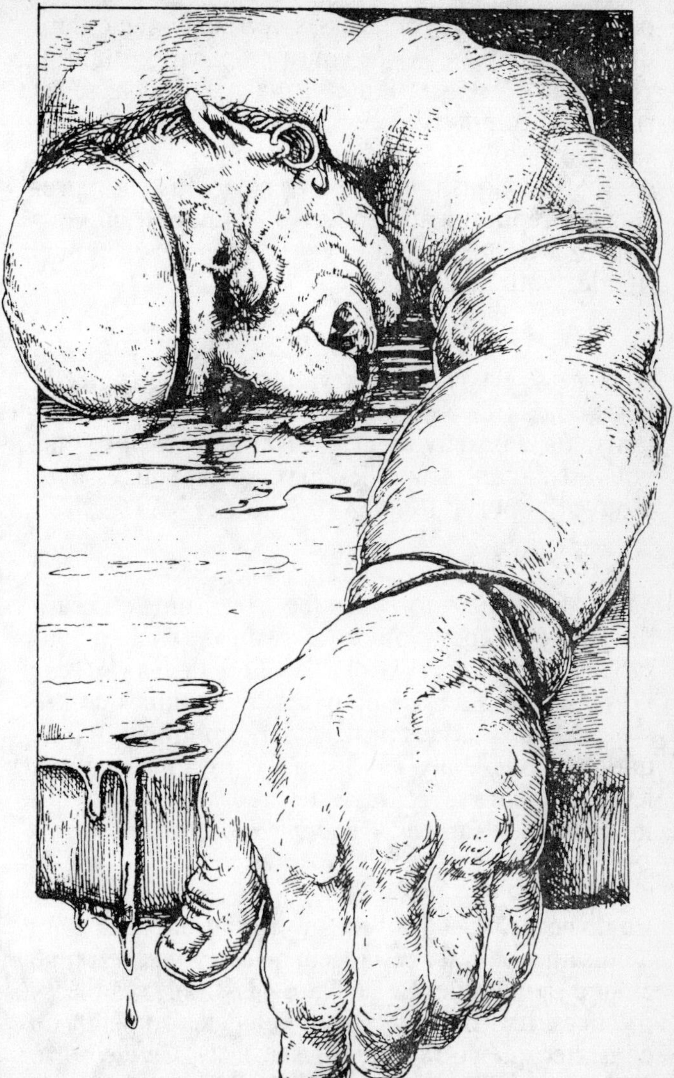

60 *Une créature trapue et à la musculature puissante est affalée sur une table de bois.*

par une multitude de grosses verrues, baigne dans une mare de bière. Vous vous rendez vite compte, à voir son torse de taureau, sa peau épaisse et rugueuse comme du cuir, que cet être grotesque serait un adversaire redoutable si vous aviez à le combattre. Vous pouvez essayer de vous en approcher subrepticement (rendez-vous au **262**), ou vous pouvez le laisser dormir et vous diriger vers le tunnel (rendez-vous au **124**).

61

Rien ne se passe. Vous regardez la pluie qui éclabousse la surface de la mare pendant quelques instants, furieux d'avoir gaspillé ainsi votre or. Puis vous escaladez les marches du perron et vous essayez d'ouvrir la porte. Rendez-vous au **129**.

62

Vous avalez la potion magique d'une traite et, brandissant votre épée, vous vous avancez vers le redoutable Baron. Vous voyez briller le feu de ses yeux car il essaye d'utiliser ses pouvoirs hypnotiques contre vous. Mais vous êtes protégé par la potion magique que vous avez bue. Tandis que vous approchez, sa lèvre inférieure se retrousse, découvrant les crocs qui lui servent de canines. Rendez-vous au **8**.

63

En un éclair, vous vous retrouvez dans la salle. Il n'y a plus aucune trace de la Reine Noire ni de l'étrange champ de bataille. Le vieillard rassemble ses pièces d'échecs, ravi de sa victoire. Vous êtes stupéfait de constater que votre total d'ENDURANCE a été porté à 15 points. Cependant, votre total de PSI a été diminué de 1 point. Abasourdi par ces étranges phénomènes, mais fort soulagé de vous en être tiré à si bon compte, vous quittez la salle en revenant sur vos pas, et vous vous engagez dans la partie droite du couloir. Rendez-vous au **242**.

64

Si vous décidez d'emporter le Cobra d'Or avec vous, inscrivez-le sur votre Feuille d'Aventure. Vous pourrez l'échanger sans difficulté contre 120 Pièces d'Or, si toutefois vous parvenez à sortir sain et sauf du Château des Ténèbres ! Après avoir soigneusement rangé ce trésor dans votre Sac à Dos, vous quittez la pièce et vous vous dirigez vers la porte à poignée de cuivre. Rendez-vous au **132**.

65

Obéissant à son maître, le Monstre Fumoïde s'approche de vous silencieusement.

MONSTRE FUMOÏDE ENDURANCE : 15

Lancez deux dés. Si vous obtenez :
de 2 à 6 : vous recevez une blessure et vous perdez 4 points d'ENDURANCE ;
de 7 à 12 : le Monstre Fumoïde perd 3 points d'ENDURANCE.

Il vous est impossible de prendre la Fuite. Il vous faut donc mener le combat jusqu'à son terme. Si vous êtes vainqueur, rendez-vous au **93**.

66

Furieuse, la Sorcière pousse un cri aigu. Elle écume de rage. Mais son Corbeau, effrayé par la colère qui brille dans vos yeux, s'enfuit à grands battements d'ailes. La Sorcière tire un coutelas rouillé de sa ceinture et se précipite sur vous.

SORCIÈRE ENDURANCE : 6

Lancez deux dés. Si vous obtenez :
de 2 à 4 : vous recevez une blessure et vous perdez 3 points d'ENDURANCE ;
de 5 à 12 : la Sorcière perd 3 points d'ENDURANCE.

Si vous menez le combat à son terme, et si vous êtes vainqueur, rendez-vous au **115**. Mais vous pouvez prendre la Fuite après le premier Assaut. Lancez dans ce cas les dés à la manière habituelle, et rendez-vous au **94**.

67

Vous passez le Fou autour de votre cou. Vous avez choisi une puissante amulette magique qui renforcera votre résistance aux sortilèges. Ajoutez 1 point à votre total de départ de PSI. Le chiffre obtenu est votre nouveau total de PSI. Vous quittez le vieillard et, de retour au croisement, vous décidez de prendre le couloir de droite. Rendez-vous au **242**.

68

Vous regagnez sans dommage la chambre de la Sorcière et, après vous être assuré que personne ne s'y trouve, vous sortez de la cheminée et vous poursuivez votre exploration des cryptes. Rendez-vous au **219**.

69

Alors que vous faites pivoter le loquet, un grincement strident vous glace le sang. Avec effroi, vous voyez la silhouette de fer qui s'extrait du treillage en tendant ses bras vers vous. Les puissantes griffes recourbées de la créature en font un ennemi effrayant, mais vous êtes déterminé à ne pas vous laisser arrêter, et vous tirez votre épée pour la combattre.

SENTINELLE
DE FER ENDURANCE : 12

Lancez deux dés. Si vous obtenez :
de 2 à 5 : vous êtes blessé et vous perdez 3 points d'ENDURANCE ;
de 6 à 12 : la Sentinelle perd 3 points d'ENDURANCE.

Si vous menez le combat à son terme et si vous êtes vainqueur, rendez-vous au **190**. Mais vous pouvez prendre la Fuite après le premier Assaut, en courant dans le jardin. Lancez, dans ce cas, les dés à la manière habituelle, et rendez-vous au **112**.

70

Vous vous asseyez dans le fauteuil vide et vous observez avec la plus grande attention l'adversaire qui se trouve face à vous. Il vous a donné les blancs, et c'est donc à vous de jouer le premier coup. Vous tendez la main pour jouer le cavalier, mais tout se met alors à tourbillonner autour de vous, et vous ne pouvez plus concentrer votre regard sur l'échiquier. Les murs semblent arriver à toute allure sur vous, puis ils disparaissent aussi subitement, comme absorbés par une espèce de brume. Avec stupeur, vous découvrez maintenant autour de vous une plaine peu accidentée et caillouteuse, battue par un

70 *Vous vous retrouvez face au plus formidable des guerriers adverses, la Reine Noire.*

léger vent qui fait claquer les pans de votre manteau. Une bataille y fait rage. Des troupes aux uniformes blancs affrontent des légions aux uniformes noirs. Et, selon toute apparence, vous êtes le général en chef des blancs. Sans prendre le temps de comprendre, vous parcourez le champ de bataille. Vous entendez les cris de guerre et le choc métallique des épées, des exclamations de triomphe et le hurlement des blessés. Finalement, vous vous retrouvez face au plus formidable des guerriers adverses, la REINE NOIRE en personne. Elle avance sur vous comme une ombre et, tandis que vous parez désespérément le premier coup qu'elle vous assène avec sa masse d'armes noire, vous comprenez qu'elle sera un ennemi difficile à vaincre.

REINE NOIRE ENDURANCE : 12

Lancez deux dés. Si vous obtenez :
de 2 à 6 : vous êtes blessé et vous perdez 3 points d'ENDURANCE ;
de 7 à 12 : la Reine Noire perd 3 points d'ENDURANCE.

Il vous est impossible d'éviter ce combat. Si vous sortez vainqueur, rendez-vous au **42**. Sinon, rendez-vous au **63**.

71

Votre sixième sens vous avait averti mais, bêtement, vous n'en avez pas tenu compte et une flèche vous érafle l'épaule, vous faisant perdre 2 points d'ENDURANCE. Si vous êtes toujours en vie, vous vous laissez tomber sur le sol, afin d'offrir le moins de volume possible à qui vous a pris pour cible. Dans le même mouvement, vous éteignez votre lampe. Maintenant, le couloir est plongé dans l'obscurité la plus totale, et le mystérieux archer ne peut plus vous voir. Vous rampez silencieusement en direction de la porte que vous avez remarquée à l'extrémité du couloir et vous vous y glissez. Rendez-vous au **225**.

72

Le Lutin sait qu'il ne lui reste que quelques secondes à vivre. « Vous êtes l'adversaire le plus courageux et le plus intelligent que j'aie jamais combattu, vous dit-il dans un râle. Alors écoutez-moi bien :

Prenez garde aux yeux qui hypnotisent,
Ceux du serpent, comme ceux du mort vivant.
Jouez de la musique aux chauves-souris vampires,
Et fuyez tous les trésors qui viendront s'offrir. »

Puis il frissonne sous la caresse glacée de la mort, et s'affaisse. Vous comprenez que c'était là un adversaire loyal et qu'il ne pouvait dire plus que ces quelques mots sibyllins sans trahir le serment qu'il a fait au Baron des Ténébrons. Mais quel est donc le sens de ce mystérieux avertissement ? Tout en y réfléchissant, vous poursuivez votre chemin le long du tunnel. Rendez-vous au **124**.

73

Morts Vivants des temps anciens, les Spectres, comme on les nomme de nos jours, sont invulnérables à toute arme, sauf à celles faites d'argent massif. Vous vous précipitez vers votre adversaire, en vous servant du chandelier comme d'une massue.

SPECTRE ENDURANCE : 9

Lancez les dés. Si vous obtenez :
de 2 à 6 : vous êtes touché et vous perdez 3 points d'ENDURANCE ;
de 7 à 12 : le Spectre perd 3 points d'ENDURANCE.

Si vous menez le combat à son terme et si vous êtes vainqueur, rendez-vous au **28**. Mais vous pouvez prendre la Fuite après le premier Assaut. Dans ce cas, ne lancez pas les dés à la manière habituelle, mais rendez-vous immédiatement au **47**.

74

Vous réagissez suffisamment vite pour éviter une terrible chute. La brique que vous avez délogée s'écrase bruyamment dans l'âtre, au-dessous de vous. A la place qu'elle occupait se trouve maintenant une cavité, dans laquelle vous remarquez une lueur métallique qui excite votre curiosité. Vous tendez le bras prudemment et vos doigts se referment sur un anneau de cuivre qui a la forme d'un Anneau de Moebius — une bande faisant un tour sur elle même, et dont les deux extrémités se rejoignent, de telle sorte qu'elle ne présente qu'une seule surface. Si vous souhaitez emporter l'Anneau de Moebius, n'oubliez pas de l'inscrire sur votre Feuille d'Aventure. A présent, vous avez le choix entre continuer votre ascension (rendez-vous au **49**) ou bien redescendre et quitter la chambre de la Sorcière (rendez-vous au **219**).

75

Vous brandissez l'épée du chevalier mort et vous fendez l'air à plusieurs reprises, émerveillé par son équilibre parfait et son extrême légèreté. Entre les deux épées que vous possédez maintenant (l'épée du chevalier et votre propre arme), il vous faut choisir avec laquelle vous combattrez, et laquelle vous porterez dans le dos comme arme de secours. Une fois ce choix fait, inscrivez-le sur votre Feuille d'Aventure. Poursuivant votre chemin, vous poussez les battants de la porte. Rendez-vous au **251**.

76

Vous tirez l'épée de son fourreau métallique et, après avoir effectué quelques mouvements d'escrime pour vous habituer à cette nouvelle arme, vous traversez la pièce et vous passez la porte située dans le mur qui vous fait face. Rendez-vous au **120**.

77

Vous passez un bon moment à essayer de découvrir un compartiment secret dans l'autel. En vain. Finalement, vous décidez de quitter la chapelle et d'aller explorer la pièce qui se trouve au bout du couloir. Rendez-vous au **210**.

78

Vous soulevez la lourde poutre en chêne, et vous tirez la porte vers vous. De toute évidence, il y a bien longtemps que les charnières n'ont pas été graissées, car la porte s'ouvre dans un inquiétant grincement. Un couloir s'offre à vous, et vous y pénétrez. Après avoir fait quelques pas, vous arrivez devant une porte située sur votre droite. Un peu plus loin, il vous semble distinguer une ouverture dans le mur de gauche. Si vous souhaitez ouvrir la porte, rendez-vous au **148**. Si vous préférez continuer votre chemin, rendez-vous au **219**.

79

A peine êtes-vous installé devant le bureau que les accoudoirs du fauteuil s'animent, et que des doigts squelettiques vous saisissent : le fauteuil n'est pas fait d'ivoire mais d'ossements humains. Lancez un dé. Si vous obtenez 4 ou plus, vous parvenez à vous arracher à l'emprise du fauteuil et à quitter rapidement la pièce avec votre lanterne (rendez-vous au **51**). Si vous obtenez moins de 4, vous restez solidement emprisonné. Bientôt une étrange torpeur vous gagne, et vous ne tardez pas à sombrer dans un profond sommeil (rendez-vous au **10**).

80

Il fait nuit à présent, mais aucune des fenêtres n'est éclairée. La demeure est délabrée et semble très vieille. Les gargouilles, qui en leur temps devaient être de somptueuses sculptures, sont maintenant réduites à l'état de pierres informes — conséquence, certainement, de siècles d'intempéries. Les fenêtres étroites, recouvertes de treillage sont comme des yeux, et ce n'est plus le froid qui vous fait frissonner à présent. En vous approchant de la porte principale, vous passez près d'un bassin orné, en son milieu, d'une statue. Allez-vous examiner le bassin de plus près (rendez-vous au **99**) ou bien préférez-

80 *Vous passez près d'un bassin orné d'une statue.*

vous vous rendre sans plus attendre à la porte du château (rendez-vous au **129**) ?

81

Vous vous saisissez de la lampe à huile et vous éteignez votre propre lanterne. Allez-vous maintenant prendre à gauche (rendez-vous au **246**) ou à droite, en direction de la porte (rendez-vous au **281**) ?

82

Vous ouvrez la porte de la cave et, en tenant votre lanterne à bout de bras, vous constatez que la pièce est pleine de casiers chargés de bouteilles de vin recouvertes d'une épaisse couche de poussière. Dans le mur qui vous fait face, vous distinguez une nouvelle porte barrée par une poutre. Allez-vous traverser la cave et ouvrir cette porte (rendez-vous au **78**) ou bien préférez-vous goûter d'abord au vin (rendez-vous au **30**) ?

83

Vous vous précipitez vers l'escalier que vous escaladez à quatre pattes pour essayer d'éviter la flèche. Mais elle vous atteint à l'épaule et vous perdez encore 2 points d'ENDURANCE. Si vous êtes toujours en vie, et bien que vous teniez à peine sur vos jambes, vous pouvez franchir la porte de gauche (rendez-vous au **34**), ou celle de droite (rendez-vous au **237**).

84

Les Zombies sont bien trop nombreux pour que vous puissiez les affronter. Votre seul espoir est d'atteindre la rive opposée du bassin avant d'être complètement encerclé. Désespérément, vous bondissez par-dessus les dernières pierres. Lancez deux dés : si le chiffre que vous obtenez est égal ou inférieur à votre total d'HABILETÉ, rendez-vous au **230**. Sinon, rendez-vous au **272**.

85

Les tristes murs gris de la pièce, le contact de l'étincelante pierre précieuse que vous serrez dans votre main, l'atmosphère humide et suffocante qui vous enveloppe... toutes ces sensations s'estompent, s'éloignent et ne sont bientôt plus qu'un très vague souvenir. Vous avez l'impression de flotter dans les limbes, dans une brume bleutée, sans relief, insondable, comme si vous couliez dans les profondeurs ténébreuses d'un océan. Et, pourtant, à votre grand soulagement vous vous rendez compte que vous arrivez au moins à respirer, sinon de l'air, du moins ce qui en tient lieu dans cet environnement étrange. Vous vous rappelez avoir touché le saphir. Il est évident que cette pierre recelait un très puissant piège magique. Mais vous ne la possédez plus, de même que vous ne possédez plus aucun des objets que vous aviez rassemblés depuis votre arrivée dans le maléfique domaine. Néanmoins, il vous semble que vous vous retrouvez muni, — par quel sortilège ? — de votre équipement de départ : une épée, 10 Pièces d'Or, un Sac à Dos et votre Armure. Plus étrange encore : vos points d'ENDURANCE, d'HABILETÉ et de PSI sont revenus à leur total de départ ! Vous vous rendez compte que vous arrivez à avancer en « nageant » dans l'élément bleuté. Bientôt, vous apercevez deux cercles lumineux qui miroitent au loin, devant vous. Se pourrait-il qu'il s'agisse d'issues qui vous permettraient de sortir de ce vide sans limites ? Et, en effet, il vous semble maintenant distinguer deux portails de couleur bleue. A défaut d'un autre plan, vous décidez de franchir l'un d'entre eux. Mais lequel ?

Le portail bleu clair ? Rendez-vous au **109**
Le portail bleu foncé ? Rendez-vous au **250**

86

Si vous avez jeté au moins 3 Pièces d'Or dans le bassin, rendez-vous au **168**. Sinon, rendez-vous au **61**.

87

... Cette vision s'estompe, et vous voilà de retour dans l'entrepôt poussiéreux. Le rouet s'est arrêté C'est étrange : en le faisant tourner vous avez été plongé dans le passé. Vous pouvez maintenant le faire tourner dans l'autre sens si vous le désirez (rendez-vous au **59**) ou bien vous pouvez le laisser là, et continuer votre chemin vers la porte (rendez-vous au **32**).

88

Au moment où vous vous dressez sur la pointe des pieds pour attraper le cristal le plus proche, le gantelet qui le tient le met, d'un mouvement brusque, hors de votre portée. Vous essayez de le libérer avec la pointe de votre épée, mais le gantelet se referme peu à peu jusqu'à ce que le cristal magique soit réduit à l'état d'une poussière fine et brillante. En maugréant, vous abandonnez tout espoir d'acquérir un des cristaux de lumière et vous descendez de l'estrade. Rendez-vous au **287**.

89

A peine avez-vous brandi votre épée qu'il bondit et court se réfugier de l'autre côté de son établi. Vous le poursuivez, votre arme à la main. Talonné de près, il contourne la table en poussant des jurons. Et ce jeu pourrait continuer des heures durant. Mais, vite, vous vous retrouvez tous deux hors d'haleine. A tel point que vous vous effondrez ensemble sur l'établi. En fait, vous vous sentez tellement ridicule que vous ne pouvez vous empêcher d'éclater de rire. Et, à votre grand soulagement, vous entendez un autre rire qui fait écho au vôtre. Le personnage qui vous fait face n'est certes pas une créature dangereuse, et vous lui adressez un léger signe de tête. Rendez-vous au **215**.

90

Pendant que vous étiez absorbé par ce mirage, une immonde Araignée Géante a tissé sa toile autour de vous et vous êtes maintenant tellement empêtré dans ses fils que vous ne pouvez pratiquement plus bouger. Il va vous falloir combattre, et aucune possibilité de Fuite ne vous est offerte.

ARAIGNÉE GÉANTE   ENDURANCE : 12

Lancez deux dés. Si vous obtenez :
de 2 à 5 : l'Araignée vous mord et vous perdez 3 points d'ENDURANCE ;
de 6 à 12 : l'Araignée perd 3 points d'ENDURANCE.

Si vous êtes vainqueur, rendez-vous au **118**.

91

Vous pouvez essayer d'utiliser l'un des objets suivants, si vous les possédez :

Un Crucifix   Rendez-vous au **228**

90 *Une immonde Araignée Géante a tissé sa toile autour de vous.*

Une Potion d'Extrême Volonté Rendez-vous au **62**
Un Cobra d'Or Rendez-vous au **218**

Si vous ne possédez aucun de ces objets, il vous faut compter sur votre seule épée. Rendez-vous au **184**.

92

Vous pénétrez dans une longue galerie dont les murs sont percés d'étroites ouvertures. Tout en vous dirigeant vers la porte située à l'extrémité de la galerie, vous ne pouvez vous empêcher de vous approcher de l'une de ces espèces de meurtrières ; et le spectacle que vous découvrez à l'extérieur vous saisit de stupeur : à n'en pas douter, vous vous trouvez actuellement au plus profond des souterrains du Château des Ténèbres. Et pourtant, en voyant ce qui se déroule sous vos yeux, vous avez l'impression d'être au sommet de sa plus haute tour. Une immense étendue de terre s'offre à votre regard, sur laquelle chevauchent des chevaliers à l'armure noire, qui se dirigent vers une colline qu'ils gravissent bientôt. Au sommet de cette colline sont dressées deux tentes richement décorées. Allez-vous continuer à observer cette extraordinaire scène (rendez-vous au **151**) ou, sans y prêter plus d'attention, préférez-vous reprendre votre chemin en direction de la porte (rendez-vous au **50**) ?

93

Le Monstre Fumoïde se désagrège en fumerolles qui se dispersent rapidement. La Sorcière ouvre de grands yeux tandis que vous avancez sur elle. Ce n'est pas vous qui avez voulu ce combat mais, maintenant, vous brûlez d'en terminer. Cependant, avant même que vous n'ayez pu esquiver le moindre geste, la Sorcière frappe le sol de son bâton et, en un instant, une explosion de lumière rougeâtre l'engloutit. Vous êtes tout étourdi et, quand vous reprenez vos esprits, la Sorcière et son Corbeau ont disparu. Rendez-vous au **171**.

94

Curieusement, la Sorcière n'essaie même pas de vous porter un coup tandis que vous vous enfuyez. Mais, avant que vous n'ayez pu atteindre la porte, elle hurle une formule magique ; alors la porte claque et se verrouille d'elle-même. Dans l'affolement le plus total, vous cherchez fébrilement la Clé de cuivre... La Sorcière prononce alors une autre formule, et le plancher disparaît sous vos pieds, vous précipitant dans l'Abîme de l'Ombre. Loin au-dessous de vous, vous distinguez comme une lueur de feu, et vous croyez entendre des cris et des gémissements. L'affreuse vérité s'impose à vous : la Sorcière, en jetant son dernier sort, a ouvert une brèche vers le royaume de son maître satanique. Vous vous enfoncez dans les domaines infernaux et, bien que votre aventure se termine, vos tourments ne font que commencer...

95

Vous lancez le Sac à Dos qui contient vos maigres biens par-dessus le mur, et vous escaladez la grille. Soudain, un claquement métallique déchire le silence et une douleur fulgurante traverse vos chevilles. Vous constatez avec horreur que la silhouette, aux griffes recourbées, s'est animée et s'extirpe lentement de la grille ! Ses doigts d'acier se sont déjà refermés autour de vos jambes comme de terrifiants pièges à loups. Vous vous débattez avec frénésie, mais il vous est impossible de vous libérer. D'un brusque mouvement, la créature vous catapulte de l'autre côté de la grille. Lancez un dé. Si le chiffre que vous obtenez est égal ou supérieur à 3, vous atterrissez dans l'herbe boueuse de la pelouse mais, bien qu'à moitié assommé, vous êtes indemne. Rendez-vous alors au **112**. Si vous faites un 1 ou un 2, le Monstre de Fer vous a projeté contre un tronc d'arbre. Et le choc est si violent qu'il vous brise les reins. Bientôt les ténèbres de la mort vous envahissent...

96

Le sang vous martèle les tempes et, la bouche grande ouverte pour aspirer quelques bouffées d'oxygène, vous vous traînez à quatre pattes, du plus vite que vous le pouvez, vers la porte de chêne. Vous vous jetez sur la poignée, manquant de l'arracher. La porte pivote lentement et vous vous écroulez sur le seuil de la pièce voisine. Vous avancez maintenant sur un plancher délabré, mais il est impossible d'échapper au terrible anneau qui vous enserre la gorge. Vous perdez connaissance et, dans un interminable étouffement, la vie vous quitte. Comme bien d'autres aventuriers avant vous, vous avez rencontré votre destin dans les Cryptes du Vampire.

97

Au moment où vous soufflez la première bougie, une petite fumée bleue s'élève de la mèche. Lancez un dé : si vous faites un 1 ou un 2, vous aspirez les vapeurs bleues (rendez-vous au **244**). Si vous faites 3 ou plus, vous parvenez, dans un sursaut, à détourner votre visage (rendez-vous au **48**).

98

Dans le coffre, vous trouvez un parchemin cacheté de cire grise et une fiole contenant un liquide bleuté et brillant. En déroulant le parchemin, vous découvrez qu'il ne contient qu'un seul mot, peut-être sans signification : « Nesool ». N'oubliez pas d'inscrire le parchemin sur votre Feuille d'Aventure, si toutefois vous décidez de le garder. Si vous désirez prendre le risque de boire le contenu de la fiole, rendez-vous au **179**. Mais si vous préférez, vous pouvez ranger la fiole dans votre Sac à Dos, pour l'instant, et vous diriger ensuite vers la porte de chêne (rendez-vous au **255**) ou vers celle qui s'ouvre dans le mur de droite (rendez-vous au **38**).

99

Le bassin est plein d'une eau stagnante et de feuilles en décomposition. Vous remarquez aussi quelques Pièces d'Or au fond de la mare, à moitié enfouies dans la vase. En pensant que cela nous serait peut-être bénéfique, vous pouvez jeter quelques Pièces d'Or dans l'eau du bassin. Dans ce cas, choisissez le nombre de pièces que vous allez lancer et rendez-vous au **86**. Mais si vous préférez plonger la main dans l'eau répugnante pour essayer d'y récupérer quelques-unes des Pièces d'Or qui s'y trouvent, rendez-vous au **3**. Enfin, si vous décidez de vous désintéresser du bassin et de vous diriger sans plus tarder vers la porte du château, rendez-vous au **129**.

100

Vous pénétrez dans un lugubre caveau sur le sol duquel vous apercevez une sculpture en marbre représentant un chevalier couché qui semble irradier de lumière. L'air est doux et frais — un agréable

100 *Vous apercevez une sculpture représentant un chevalier couché.*

contraste par rapport à l'atmosphère humide et glaciale qui règne dans la sombre demeure. Une plaque de bronze est scellée au pied du chevalier et, en vous approchant, vous pouvez lire :

Ci-gît le Paladin Ganelon
Saint guerrier et noble Prince

Le bloc de marbre dans lequel est sculpté le gisant est probablement le couvercle du sarcophage de Ganelon. Allez-vous essayer de l'ouvrir (rendez-vous au **165**), ou préférez-vous regagner le tunnel et poursuivre votre chemin (rendez-vous au **223**) ?

101

La Clé d'Argent de la Sorcière vous permet de déverrouiller la porte, et vous entrez dans une petite chambre apparemment abandonnée et qui sent fortement le moisi. Seule, une table en ivoire ciselé, sculptée dans un style incroyablement baroque, embellit quelque peu la pièce. Étincelant dans la lumière de votre lanterne, cinq pierres précieuses y sont posées : un topaze, un rubis, une hyacinthe, une émeraude et un saphir. Il y a une porte qui se trouve face à celle par laquelle vous venez d'entrer. Si vous souhaitez vous diriger vers cette porte, rendez-vous au **264**. Mais si vous préférez vous emparer de l'une ou de plusieurs des pierres précieuses, rendez-vous au **240**.

102

Bandant vos muscles, vous abattez de toutes vos forces l'épée sur le poignet décharné qui se tortille comme un serpent. Une fois le coup porté, vous êtes stupéfait de voir apparaître sur la lame de votre épée une multitude de fines craquelures. Bientôt, l'épée se désagrège, et c'est tout juste s'il reste quelques centimètres de métal dépassant de la garde. A moins que vous n'ayez une épée de secours, à chaque combat il vous faudra diminuer de 2 points le chiffre que vous obtiendrez en lançant les dés, et ce jusqu'à ce que vous réussissiez à réparer ou à remplacer votre épée brisée. Qui plus est, votre puissante attaque n'aura servi à rien : c'est à ne pas croire, mais le bras blafard est parfaitement intact. Rendez-vous au **20**.

103

Vos pieds disparaissent dans une épaisse nappe de brume, tandis que vous vous avancez avec prudence dans le bois. Votre épée à la main, vous vous frayez un chemin en écartant à coups d'épaule les branchages gorgés de pluie qui ne cessent de vous accrocher. Vous êtes vite trempé jusqu'aux os. Vos narines sont agressées par l'odeur de la terre humide et par celle, douceâtre et nauséabonde, des champignons difformes qui prolifèrent dans cet endroit hanté. Tout en continuant votre marche, l'idée vous vient de manger un de ces champignons : une légende leur attribue en effet des pouvoirs magiques. Si vous décidez de vous arrêter et de cueillir un champignon, rendez-vous au **234**. Mais si vous préférez poursuivre votre chemin pour essayer de sortir du bois, rendez-vous au **140**.

104

Parvenu au tournant, vous vous arrêtez en vous demandant ce que vous allez faire. Allez-vous continuer votre chemin dans le couloir (rendez-vous au **105**) ou essayer d'ouvrir la porte au crucifix (rendez-vous au **29**) ?

105

Vous arrivez au haut de quelques marches qui descendent vers la porte de ce qui doit être une cave. Si vous possédez une lanterne, vous pouvez descendre les marches, rendez-vous alors au **82**. Sinon, vous devez essayer de vous en procurer une, car il serait bien trop dangereux de vous enfoncer dans l'obscurité. Vous revenez alors sur vos pas jusqu'à la porte au crucifix. Rendez-vous au **29**.

106

Vous tendez l'Os vers le Molosse des Ténèbres qui se met aussitôt à frétiller de la queue comme un chiot. Et il vous suffit de lui ordonner de s'asseoir pour qu'il vous obéisse dans l'instant. Vous lui lancez alors l'os de marbre, et il se met à le ronger avec un tel plaisir qu'il ne vous prête plus la moindre attention. Vous pouvez maintenant vous engager sans crainte dans le passage. Rendez-vous au **283**.

107

Vous vous dirigez vers la porte qui se trouve au bout du tunnel. Mais, ce faisant, vous avez la désagréable impression que quelqu'un vous observe. Soudain, vous percevez dans l'obscurité, loin derrière vous, une vibration brève et violente : un sifflement que vous ne connaissez que trop bien. Mais, avant que vous n'ayez eu le temps de vous jeter à terre, une flèche vous déchire la jambe. Vous perdez 2 points d'ENDURANCE. Si vous êtes toujours vivant, vous vous précipitez en claudiquant vers la porte ; elle ne se trouve qu'à quelques mètres, mais elle vous paraît infiniment lointaine tellement vous avez peur qu'une autre flèche ne vous atteigne. La lampe à huile que vous avez laissée au plafond vous éclaire, et vous êtes une cible de rêve pour le tireur inconnu. Au bout d'un instant qui vous semble une éternité, vous atteignez la porte. Jetez un dé. Si vous faites un 1 ou un 2, rendez-vous au **236**. Sinon, rendez-vous au **211**.

108

La lanterne s'écrase contre le tableau, l'aspergeant d'huile enflammée. La toile prend feu, et vous vous précipitez vers l'escalier de gauche dont vous montez les marches quatre à quatre. Tant bien que mal, vous ouvrez la porte, et vous vous enfoncez dans l'obscurité. Soudain, vous entendez un léger frémissement qui vous fait arrêter net. Et une voix qui vous glace le sang s'élève dans les ténèbres : « Malheureux aventurier ! Tu as osé me défier avec ta pauvre intelligence de mortel, moi dont l'habileté et la ruse se sont forgées au cours de siècles et de siècles. » Deux mains glacées vous saisissent alors les poignets et vous poussent contre le mur avec une force telle que vous êtes incapable d'esquisser le moindre geste de défense. « Tu étais condamné d'avance dans ce combat inégal, poursuit la voix. Maintenant, tu peux connaître mon nom. Je suis le Baron Ténébron, le Maître des Vampires. » A peine la voix s'est-elle tue que des crocs acérés comme des aiguilles se plantent dans votre gorge. C'est ici que s'achève votre aventure.

109

Vous tournoyez encore et encore, dans cette brume de lumière bleue. Vous vous sentez mal, la tête vous tourne, et peut-être perdez-vous connaissance car vous vous retrouvez allongé sur un sol dur et froid. Peu à peu, la brume se dissipe pour laisser place à la plus complète obscurité. Vous tâtonnez au hasard, cherchant votre lanterne, mais elle a évidemment disparu, comme la plupart de vos biens. Il flotte dans l'air une odeur d'animal. Vous vous redressez avec précaution, mais un sourd grondement vous paralyse. Tout près de vous, quelque chose se déplace semblant traîner une lourde chaîne sur le sol de pierre. Vous portez la main à votre épée, quand un jet de flammes rouges surgit de l'obscurité, vous infligeant de cruelles brûlures. Vous hurlez de douleur. Dans le jaillissement de feu, vous distinguez la gueule écumante et les yeux incandescents d'un chien monstrueux. L'âcre odeur du soufre brûle à présent vos poumons. Incapable de combattre dans le noir, vous cherchez désespérément une issue. Mais le Molosse des Ténèbres, lui, voit parfaitement dans l'obscurité et, bondissant sur vous, il plante ses crocs dans votre gorge. Vous venez de rencontrer votre tragique destin.

110

Vous pétrissez le fromage et vous en faites de petites boules que vous vous enfoncez dans les oreilles, non sans grimacer. Maintenant, même une fois la porte ouverte, la musique vous parvient étouffée, comme venant de très loin. Un large escalier s'offre à vous, et, sans hésiter, vous le descendez jusqu'à une salle aux colonnes impressionnantes. Le sol de marbre gris luit comme un miroir tant il a été poli. A l'autre extrémité de la salle, sur une scène illuminée par des cristaux bleus, vous apercevez les musiciens. Ce sont quatre squelettes dont les habits de velours tombent en poussière ! L'un d'entre eux promène les os de ses doigts sur les touches d'un clavecin, deux autres jouent du violon, tandis que le quatrième, armé de

110 *Les musiciens sont quatre squelettes dont les habits tombent en poussière !*

baguettes de tambour, fait résonner un rythme syncopé sur le crâne du claveciniste. Des rangées de fauteuils font face à la scène. Dans l'un de ces fauteuils est assis un chevalier en armure, qui semble être profondément absorbé par la musique. Allez-vous :

Parler au chevalier ?	Rendez-vous au **239**
Monter sur la scène ?	Rendez-vous au **195**
Quitter la salle par une porte que vous apercevez non loin de la scène ?	Rendez-vous au **287**

111

Avez-vous combattu avec l'épée bleue que vous avez trouvée dans la Galerie des Portraits ? Si oui, rendez-vous au **266**. Sinon, rendez-vous au **232**.

112

Derrière vous, la créature de fer a réintégré la grille. Vous vous demandez par quel invraisemblable sortilège une telle créature a pu être créée. Peut-être aurait-il mieux valu que vous tentiez votre chance avec les loups ? Mais il est trop tard maintenant car vous ne voulez surtout pas, en revenant sur vos pas, risquer de vous retrouver face à face avec le monstre. Il ne vous reste plus qu'à suivre le chemin de gravier. Rendez-vous au **190**.

113

Vous ouvrez les yeux. L'autre bougie s'est éteinte pendant que vous étiez inconscient. En tâtonnant. dans le noir, vous retrouvez votre lanterne. Par chance, elle ne s'est pas brisée lorsque vous l'avez lâchée. Vous vous relevez, mais une douleur aiguë au cou vous fait tressaillir. Vous vous tâtez doucement la nuque et vos doigts s'imprègnent d'un liquide chaud et gluant : votre épaule est couverte du sang qui coule de deux fines blessures que vous sentez sur votre gorge ! Vous perdez 7 points d'ENDURANCE (si votre total d'ENDURANCE est inférieur à 7, ramenez-le à 1). En titubant, vous vous remettez en route, et vous décidez d'explorer la pièce qui se trouve au bout du couloir. Rendez-vous au **210**.

114

Alors que vous vous précipitez vers la porte, le monstre vous frappe dans le dos. Vous perdez 3 points d'ENDURANCE. Si vous êtes toujours en vie, vous passez la porte en chancelant. « J'espère que vous avez compris. N'y revenez plus », glapit la Sorcière, en éclatant d'un rire sardonique. La porte claque derrière vous. Rendez-vous au **219**.

115

Alors que vous êtes penché sur le corps sans vie de la Sorcière, votre regard est attiré par une lueur métallique qui semble émaner d'entre ses doigts crispés. Vous ouvrez avec peine sa main déjà raidie par la mort, et vous y trouvez une petite Clé en argent que vous glissez dans votre poche. Il n'y a rien d'autre d'intéressant dans la pièce, sinon trois fioles posées sur une étagère ; il vous vient à l'idée qu'il s'agit peut-être de potions préparées par la Sorcière, mais elles ne portent aucune indication qui pourrait vous faire savoir si le liquide qu'elles contiennent est maléfique ou bénéfique. Si vous êtes prêt à prendre le risque de goûter à l'un de ces liquides, rendez-vous au **209**. Mais si vous préférez quitter la pièce et revenir vers les autres portes, rendez-vous au **238**.

116

Jetez deux dés. Si le chiffre que vous obtenez est inférieur ou égal à votre total de PSI, vous parvenez à échapper au pouvoir hypnotique de la statuette. Du plus vite que vous le pouvez, vous déchirez un morceau de l'étoffe de votre manteau, et vous en bandez les yeux du Cobra. Rendez-vous au **64**. Si, en revanche, le chiffre que vous obtenez est supérieur à votre total de PSI, vous ne pouvez résister au pouvoir de la statuette, et vous perdez connaissance. Rendez-vous au **10**.

117

Vous essayez frénétiquement de trancher de la lame de votre épée la corde qui vous étrangle, mais votre arme est longue et elle n'est pas du tout conçue pour un tel usage. Jetez un dé. Si vous obtenez un 1 ou un 2, rendez-vous au **43**. Sinon, rendez-vous au **119**.

118

En frissonnant, vous nettoyez votre épée du sang vert et répugnant de l'Araignée, et vous entreprenez de vous libérer des fils qui vous emprisonnent. Vous parvenez enfin à vous glisser le long du corps de l'Araignée, encore agité de soubresauts. En fouillant les recoins de la salle, vous dénichez le trésor de la créature, enfoui sous un amas de toiles qu'elle a dû mettre des années à tisser. Vous les brûlez avec votre lanterne et vous découvrez 12 Pièces d'Or et un Crucifix en argent. Vous les rangez dans votre Sac à Dos (n'oubliez pas de les inscrire sur votre Feuille d'Aventure). Vous pouvez maintenant quitter la

120 *Sur un coffre, doublé de cuir, se trouve un rouleau de solide corde noire.*

salle en vous dirigeant vers la porte. Rendez-vous au **50**.

119

Si vous voulez sortir de ce mauvais pas, il vous faut garder votre sang-froid. Maîtrisant le tremblement de vos mains, vous vous appliquez à trancher le lien qui enserre votre gorge. Une sueur glacée perle à votre front mais, bientôt, vous tranchez le dernier brin de la corde qui tombe mollement sur le sol. Vous avez vaincu le sortilège qui lui avait donné l'apparence de la vie. A genoux, vous aspirez à pleins poumons l'air vicié et desséché de la crypte, qui vous paraît à cet instant doux et frais ! Vous avez maintenant suffisamment de forces pour vous mettre debout et, de rage, vous piétinez la corde mortelle. Vous pouvez à présent ouvrir le coffre pour voir ce qu'il contient (rendez-vous au **98**). Mais si vous jugez que vous avez déjà passé trop de temps dans ce lieu, vous pouvez vous diriger vers la porte de chêne noueux (rendez-vous au **255**) ou vers la petite porte (rendez-vous au **38**).

120

Un petit couloir vous mène jusqu'à une pièce qui comporte deux issues : une porte en chêne noueux et rongé par les vers, face à vous, et une autre, plus petite, sur votre droite. Sur un coffre, doublé de cuir et qui repose au centre de la pièce, se trouve un rouleau de solide corde noire. Si vous décidez d'examiner le coffre, rendez-vous au **11**. Si vous préférez quitter cette pièce, allez-vous vous diriger vers la porte située à votre droite (rendez-vous au **38**) ou bien vers celle qui vous fait face (rendez-vous au **255**) ?

121

Les murs de la pièce renvoient un écho qui rappelle le hennissement d'un cheval, ce qui provoque chez les Zombies une panique intense. Totalement ahuri, vous voyez les deux Licornes qui jaillissent du bouclier que vous portez ! En un éclair elles prennent la taille d'un cheval, puis elles se ruent en direction des Morts Vivants, les piétinant de leurs sabots et les pourfendant de leurs cornes. Tremblant de peur mais fasciné, vous ne perdez pas un détail de la scène qui se déroule sous vos yeux. Bientôt, les cadavres piétinés et déchiquetés des Zombies qui vous menaçaient sont précipités dans l'eau, où ils disparaissent. Les Licornes reviennent alors vers vous. Leurs sabots claquent fièrement sur les pierres, et elles vous saluent de la tête avec noblesse. D'une main hésitante, vous flattez et caressez leurs crinières brillantes en signe de gratitude, et leur joyeux regard semble vous souhaiter la meilleure chance possible dans la poursuite de votre mission. Puis, quelques secondes plus tard, elles se cabrent, plongent dans le lac et se désintègrent en une gerbe de lumière argentée dont les étincelles retombent sur sa surface pour s'y noyer comme les étoiles de l'aube. L'eau devient pure et transparente comme du cristal : il n'y reste plus aucune trace des Zombies. Après avoir massacré les monstres morts vivants pour vous sauver, les nobles Licornes se sont sacrifiées pour purifier le lac de l'infâme sortilège, et mettre fin à la macabre existence des Zombies. Vous n'éprouvez aucune honte lorsque vous sentez des larmes qui coulent sur vos joues. Mais vous ne pouvez vous attarder plus longtemps en ce lieu : vous passez la voûte et vous vous frayez un chemin parmi les pierres qui encombrent le tunnel. Rendez-vous au **180**.

122

Vous portez rapidement la Flûte à vos lèvres et, vous souvenant des premières notes d'une simple mélodie, vous soufflez dans l'instrument. La musique résonne dans la caverne, perturbant le sens auditif des chauves-souris et les désorientant complètement. C'est bien ce que vous espériez. Désemparées et impuissantes, elles virevoltent dans tous les sens. Vous vous dirigez vers l'extrémité de la caverne sans cesser de jouer afin qu'elles ne vous remarquent pas. Une fois en sécurité dans le tunnel, vous rangez la Flûte et vous vous enfoncez plus avant dans les cryptes du château. Rendez-vous au **52**.

123

La carcasse du Lutin est étendue à vos pieds et redevient visible, la mort ayant rompu le sortilège. Son sang vert macule les pierres glacées du sol. Après avoir fouillé rapidement la pièce, sans rien y découvrir, vous en concluez qu'elle ne renferme rien d'intéressant, et vous décidez de continuer votre chemin dans le tunnel. Rendez-vous au **124**.

124

Le tunnel est étroit, de hauteur irrégulière, et il est pavé d'une mosaïque de petites dalles aux couleurs ternes. Vous avancez avec précaution, et vous finissez par atteindre une ouverture située dans le mur de gauche. En vous approchant, vous distinguez le bas d'un escalier. Cependant, vous n'y prêtez qu'une attention distraite, croyant apercevoir l'extrémité du tunnel non loin devant vous. Rendez-vous au **44**.

125

Votre cœur se soulève lorsque vous portez la fiole à vos lèvres. L'odeur âcre qui s'en échappe vous fait presque renoncer ; mais, puisque vous en avez décidé ainsi, vous rassemblez tout votre courage et vous avalez le liquide en une seule gorgée. Une énergie intense vous envahit alors, faisant revenir votre ENDURANCE à son total de départ. Dans le même temps, toutes les blessures qui pourraient vous avoir été infligées guérissent et disparaissent comme par miracle. Il reste encore une potion sur l'étagère. Si vous souhaitez la goûter, rendez-vous au **224**. Si vous préférez ne pas trop tenter la chance, vous quittez la pièce. Rendez-vous au **238**.

126

Vous vous trouvez sur une plate-forme étroite. Un escalier aux degrés de pierre fissurés et érodés par le temps en descend. Vous vous y engagez et, quelques marches plus bas, vous remarquez une petite cavité creusée dans le mur. Vous pouvez ne pas y prêter attention et poursuivre votre descente (rendez-vous au **18**). Mais vous pouvez également plonger la main dans la cavité pour voir si elle contient quelque chose (rendez-vous au **204**).

127

Le monstrueux personnage jette la tête en arrière mais, bien qu'il semble hurler quelque chose, vous ne percevez pas le moindre son. Et pourtant des paroles résonnent dans votre tête : « Venez à moi, Enfants des Ténèbres. Venez porter la mort à celui qui menace votre Maître. » De lourdes silhouettes surgissent alors des buissons, avancent en silence vers vous, et bientôt d'énormes Loups vous encerclent. Vous vous ramassez sur vous-même, prêt à un vain combat car les créatures sont bien trop nombreuses pour vous. Possédez-vous l'Anneau de

Mœbius ? Si oui, rendez-vous au **269**. Si vous n'avez pas cet objet, rendez-vous au **214**.

128

Vous passez le Cavalier blanc autour de votre cou. C'est une puissante amulette magique qui, dorénavant, améliorera vos réflexes. Augmentez de 1 point votre total de départ d'HABILETÉ et considérez le résultat comme votre nouveau total d'HABILETÉ. Vous quittez le vieillard et, de retour au croisement, vous décidez de vous engager dans le couloir de droite. Rendez-vous au **242**.

129

A votre grand étonnement, la porte n'est pas verrouillée. A peine l'avez-vous poussée qu'elle s'ouvre sans difficulté, découvrant un vaste hall d'où partent de larges escaliers menant à un étage. A votre droite, vous remarquez une porte à double battant et, au-delà des escaliers, dans la pénombre, vous pouvez distinguer un couloir qui s'enfonce plus profondément dans la demeure. Vous restez quelques instants immobile sur le seuil, le temps que vos yeux s'habituent à l'obscurité, puis, l'épée bien en main, vous vous apprêtez à pénétrer dans la salle. Allez-vous :

Gravir les escaliers ? Rendez-vous au **154**
Vous diriger vers la porte ? Rendez-vous au **15**
Traverser le hall
et emprunter le passage ? Rendez-vous au **36**

130

La porte s'ouvre sans difficulté sur une salle au sol carrelé dans laquelle vous pénétrez. Un vieillard, vêtu d'une tunique noire, est assis devant une table

130 *Devant le vieillard, se trouve un échiquier prêt pour un début de partie.*

placée au centre de cette salle qui est baignée d'une luminosité ambrée. Devant lui, sur la table, se trouve un échiquier sur lequel les pièces sont disposées, prêtes pour un début de partie. Le vieillard ne prononce pas un mot. Mais en le regardant vous comprenez qu'il vous propose de jouer avec lui. Si vous désirez relever le défi silencieux, rendez-vous au **70**. Si vous préférez quitter cette pièce pour aller explorer l'autre partie du couloir, rendez-vous au **242**.

131

Le vin éclabousse la peinture dont les couleurs se mélangent. Cependant vous pouvez encore distinguer le personnage qui, après avoir de nouveau bandé son arc, vous décoche une autre flèche. Mais à présent sa vision est troublée. Lancez un dé. Si vous obtenez 1 ou 2, la flèche vous atteind et vous perdez 2 points d'ENDURANCE. Si vous obtenez 3 ou plus, la flèche vous manque. Sans perdre une seconde, vous vous précipitez vers les escaliers. Vous pouvez escalader celui de gauche (rendez-vous au **34**), ou celui de droite (rendez-vous au **237**).

132

La porte s'ouvre sans difficulté et vous pénétrez dans une petite pièce au centre de laquelle se trouve un coffre en bois posé à terre. Dans le mur qui vous fait face, vous remarquez une nouvelle porte. Allez-vous essayer d'ouvrir le coffre (rendez-vous au **17**), ou préférez-vous traverser la pièce en direction de la porte (rendez-vous au **26**) ?

133

Vous lui obéissez pour le mettre en confiance, espérant ainsi endormir sa vigilance. Il vous observe

attentivement pendant quelques secondes, puis se retourne pour ranger le livre sur l'étagère qui se trouve derrière lui. C'est le moment, pensez-vous, de saisir votre chance et de dégainer votre arme pendant qu'il vous tourne le dos. Mais votre main se refuse à saisir votre épée. En fait, vous êtes totalement paralysé ! Le Baron Maléfique se retourne et un sourire de triomphe découvre ses abominables crocs. Sans qu'il vous soit possible de vous en empêcher, vous vous approchez alors de lui, et vous vous agenouillez à ses pieds. Ses pouvoirs hypnotiques ont anéanti votre volonté et vous êtes condamné à être son esclave pour le restant de vos jours.

134

Vous faites face maintenant au terrible Molosse des Ténèbres. Et c'est avec un sourire amer que vous vous souvenez que ce ne sont que de simples loups qui vous ont poussé à pénétrer dans ce château infernal. Préparez-vous à combattre le monstre.

MOLOSSE DES TÉNÈBRES	ENDURANCE : 9

Lancez deux dés. Si vous obtenez :
de 2 à 4 : rendez-vous au **267** ;
5 ou 6 : vous êtes cruellement mordu et vous perdez 3 points d'ENDURANCE ;
de 7 à 12 : vous portez un coup au Molosse qui perd 3 points d'ENDURANCE.

Si vous décidez de mener le combat à son terme, et si vous êtes vainqueur, rendez-vous au **167**. Au bout de 3 Assauts, vous vous serez suffisamment rapproché de l'entrée du passage pour envisager de prendre la Fuite. Dans ce cas, inutile de lancer les dés, car la chaîne trop courte de la créature l'empêche de vous atteindre. Rendez-vous alors au **283**.

135

A grands coups d'épée, vous ouvrez une tranchée sanglante dans la nuée de chauves-souris qui grouillent tout autour de vous... Mais cela ne suffit pas à les empêcher de déferler par vagues toujours plus nombreuses. Jetez deux dés. Le chiffre que vous obtenez représente le nombre de morsures qui vous seront infligées pendant votre sanglante traversée de la caverne. Chaque morsure vous coûte 1 point d'ENDURANCE. Si vous ne mourez pas en chemin, vous finissez par atteindre le tunnel, ce qui vous permet d'échapper à la multitude furieuse des chauves-souris. Après avoir nettoyé votre épée des lambeaux de chairs sanglantes qui y sont collés, vous poursuivez votre route le long du tunnel. Rendez-vous au **52**.

136

Vous procédez à une fouille minutieuse des deux cadavres. Le seul objet qui puisse présenter un quelconque intérêt est une amulette en argent terni représentant une chauve-souris, que l'un d'eux porte en pendentif. Vous pouvez vous en emparer si vous le désirez (n'oubliez pas alors de l'inscrire sur votre Feuille d'Aventure). Vous avancez jusqu'au coude, puis vous poursuivez votre chemin sur la droite. Rendez-vous au **285**.

137

Vous fouillez dans votre Sac à Dos. Possédez-vous :

Un Os en Marbre ?	Rendez-vous au **166**
Une Potion d'Extrême Volonté ?	Rendez-vous au **279**
Un morceau de fromage moisi ?	Rendez-vous au **183**

Si vous ne possédez aucun de ces objets, ou si vous pensez qu'aucun d'entre eux ne peut vous être d'une utilité quelconque, vous ouvrez la porte (rendez-vous au **164**).

138

La panique s'empare de vous, et vous vous précipitez vers la porte. Mais maintenant vous pataugez de plus en plus profondément dans une espèce de vase gluante qui atteind rapidement vos genoux, puis votre poitrine. Et lorsque, finalement, vous finissez par arriver à l'entrée du tunnel, seule votre tête dépasse encore de la vase. Au prix d'un effort surhumain, vous vous engagez dans le tunnel, espérant échapper au piège diabolique. Mais, inexorablement, la vase vous avale et bientôt l'obscurité vous entoure. Vous êtes cependant toujours en vie. Mais, vous êtes condamné, pour l'éternité, à vous enfoncer dans l'univers sans limites des Pierres Suceuses. Inutile d'essayer de crier, ici personne n'entendra jamais vos hurlements.

139

Vos réflexes vous sauvent la vie : vous vous jetez de côté et les deux flèches passent en sifflant à quelques centimètres de votre épaule droite. Rugissant de colère, vous bondissez sur les archers ébahis.

Premier ARCHER	ENDURANCE : 9
Deuxième ARCHER	ENDURANCE : 9

Jetez deux dés. Si vous obtenez :
de 2 à 3 : vous recevez deux blessures et vous perdez 6 points d'ENDURANCE ;
de 4 à 7 : vous recevez une blessure et vous perdez 3 points d'ENDURANCE ;
de 8 à 12 : l'un des Archers (vous choisissez lequel des deux) perd 3 points d'ENDURANCE.

Si vous menez le combat à son terme et si vous parvenez à tuer l'un des Archers, rendez-vous au **257**. Mais vous pouvez prendre la Fuite en revenant sur vos pas. Lancez les dés à la manière habituelle et rendez-vous au **157**.

140

Vous avancez difficilement dans l'obscurité, jurant sourdement lorsque vous vous prenez le pied dans une racine, ou que vous butez contre une pierre dissimulée sous l'étrange tapis de brume. En passant près des ruines d'une voûte de pierre, dernier vestige d'un bâtiment qui devait s'élever là dans les temps anciens, il vous semble apercevoir une forme d'apparence humaine, grande et élancée, qui s'y tapit. Vous vous retournez pour lui faire face, sombre et déterminé, bien que votre cœur batte la chamade, mais un nuage de brume passe alors devant vos yeux, effaçant toute trace de l'inquiétante apparition. C'est à vos années d'expérience d'aventurier endurci que vous devez de ne pas céder à la panique. Vous jetant à terre, vous rampez dans les fourrés, votre respiration sifflant à vos oreilles. Le bruit sec des brindilles que vous brisez tout en avançant vous paraît insupportable. Vous vous savez observé et vous apercevez d'autres formes qui se déplacent parallèlement à vous, dans l'ombre des arbres. Tout

140 *Une sombre créature enveloppée d'une cape se détache dans la brume.*

à coup, la grande silhouette resurgit : une sombre créature enveloppée d'une cape et qui se détache dans la brume. Vous ne pouvez distinguer son visage, mais l'ombre noire de sa malfaisance vous inonde le cœur. Maintenant, elle est suffisamment proche pour que vous la voyiez sourire, découvrant deux crocs qui étincellent dans l'immobilité de la nuit... Avez-vous un Crucifix ? Si oui, rendez-vous au **245**. Si vous ne possédez pas cet objet, rendez-vous au **127**.

141

Vous vous saisissez d'une poignée de feuillets et, les tenant au-dessus du feu, vous menacez de les brûler si elle ne fait pas disparaître sa créature à l'instant même. La Sorcière semble réfléchir mais, tout à coup, elle porte ses doigts à ses lèvres et siffle. Aussitôt, le Corbeau se laisse tomber de la poutre où il était perché, et pique droit sur vous. Vous levez immédiatement le bras pour vous protéger le visage et la Sorcière en profite pour vous arracher ses précieux manuscrits. Blême de rage, elle hurle un ordre, intimant au Monstre Fumoïde de se jeter sur vous. Rendez-vous au **65**.

142

Vous vous précipitez sur le tableau, mais le personnage tire de nouveau. Vous perdez encore 2 points d'ENDURANCE. Si vous êtes encore en vie, vous portez un coup d'épée à la toile. Pour votre malheur, l'épée se brise contre le mur de pierre sur lequel le tableau est accroché ! A moins que vous ne possédiez une épée de secours, il vous faudra désormais réduire de 2 points le chiffre que vous obtiendrez en lançant les dés avant chaque combat à venir, et ceci jusqu'à ce que vous répariez ou remplaciez votre épée. Maintenant, vous devez prendre rapidement une décision car votre adversaire prépare une nouvelle flèche. Vous pouvez fracasser votre lanterne sur la peinture (rendez-vous au **197**), ou vous pouvez tenter de vous échapper. Si vous choisissez de prendre la Fuite, ne lancez pas les dés comme à l'habitude, mais rendez-vous immédiatement au **83**.

143

L'ombre d'un sourire semble animer le visage funèbre du Spectre, tandis qu'il vous arrache la gousse d'ail des mains avec le plus grand dédain. L'ail n'a aucun pouvoir contre un Spectre ! Un froid glacial vous paralyse dès que la redoutable créature referme ses doigts osseux autour de votre gorge. Ce sera votre dernier souvenir.

144

Vous pouvez utiliser l'un des objets suivants :

La Flûte d'Or	Rendez-vous au **249**
Un pot de poivre noir	Rendez-vous au **226**

Si vous ne possédez ni l'un ni l'autre, ou si vous ne souhaitez pas les utiliser, il vous faut alors combattre (rendez-vous au **160**) ou prendre la Fuite. Dans ce dernier cas, ne lancez pas les dés comme à l'habitude, mais rendez-vous au **213**.

145

Vous touchez la pierre précieuse, et aussitôt une étrange lassitude vous gagne. Comprenant que la pierre est ensorcelée, vous la jetez vivement sur la table, mais vous perdez cependant 2 points d'HABILETÉ. Vous pouvez vous saisir d'une autre pierre : le topaze (rendez-vous au **175**), le rubis (rendez-vous au **275**), la hyacinthe (rendez-vous au **205**), le saphir (rendez-vous au **85**). Mais vous pouvez également quitter la pièce en vous rendant au **264**.

146

Lès couleurs et les images fugitives s'estompent et vous vous retrouvez face à deux portes, l'une à poignée de cuivre et l'autre à poignée d'étain. Vous inspectez les environs en clignant les yeux. Il n'y a plus la moindre trace de la créature morte vivante qui vous menaçait, et vous remarquez que l'Anneau de Moebius n'est plus à votre doigt (rayez-le de votre Feuille d'Aventure). Allez-vous ouvrir la porte à poignée de cuivre (rendez-vous au **132**), ou la porte à poignée d'étain (rendez-vous au **263**) ?

147

De quelle épée vous servez-vous ? Si c'est l'épée de métal bleu que vous avez trouvée dans la Galerie des Portraits, rendez-vous au **221**. S'il s'agit d'une autre arme, rendez-vous au **102**.

148

La porte s'ouvre sur une pièce aux murs blancs et au plafond bas, entrecroisé de poutres noires. Le lit à baldaquin placé contre un mur indique que vous vous trouvez dans une chambre à coucher, mais il n'y a aucune trace de celui ou celle qui l'occupe. Une longue table, à droite de la porte, est chargée de manuscrits portant des caractères runiques. Vous remarquez aussi une carafe d'eau et un plat contenant du pain et des viandes froides. Un feu ronfle dans la cheminée, à côté de laquelle se trouvent un tisonnier, un seau à charbon et un soufflet. Deux grands chandeliers ornent le dessus de cette cheminée, et vous vous en approchez pour les examiner.

Ils sont en argent massif. Si vous décidez de les emporter, pensez bien à les inscrire sur votre Feuille d'Aventure. Soudain, vous entendez comme un croassement rauque. Vous vous retournez en sursautant et vous découvrez une vieille femme bossue, qui porte un chapeau pointu et des vêtements d'une saleté repoussante. Elle vous observe depuis la porte. Sur son épaule perche un Corbeau malingre et déplumé. Quatre yeux froids et hostiles vous dévisagent un moment, puis la femme frappe le sol de son bâton et vous ordonne de quitter la chambre immédiatement. Si vous décidez de lui obéir, rendez-vous au **219**. Si vous refusez, rendez-vous au **163**.

149

La porte est verrouillée et vous n'en avez pas la clé. Allez-vous essayer la porte du milieu (rendez-vous au **182**) ou celle de gauche (rendez-vous au **260**) ?

150

Vous êtes englouti par le sol. Noyé dans l'obscurité la plus totale, vous sentez la pierre toucher votre peau, comme un courant d'air froid. Se pourrait-il que vous soyez condamné à plonger pour toujours au cœur de la Terre, dans cet épouvantable silence de mort ? Vous luttez contre la terreur que cette pensée fait naître au tréfonds de vous-même. C'est alors que vous émergez dans une resplendissante lumière dorée. En traversant ainsi les soubassements du tombeau du Paladin, vous avez débouché dans une deuxième salle, plus petite, située sous la première ! Murmurant une prière de gratitude, vous vous débarrassez du suaire, et vous redevenez aussitôt un être palpable. Avec agilité, vous vous laissez tomber dans la petite salle. Vos yeux s'émerveillent ;

150 *Vous remarquez un bouclier magnifique accroché à un mur.*

l'étrange lumière dorée semble être en suspension dans l'air : serait-ce l'âme de Ganelon qui s'attarde, ici, sous son tombeau ? Vous remarquez alors un bouclier magnifique, accroché à un mur ; il porte les armoiries du Paladin, deux fières Licornes blanches sur fond d'azur. Vous pouvez prendre ce bouclier si vous le désirez (n'oubliez pas de l'inscrire sur votre Feuille d'Aventure). Sous une voûte basse, au bout de la salle, vous découvrez un escalier en spirale. Vous montez l'escalier et, bientôt, vous débouchez par une porte secrète dans le tunnel extérieur au tombeau du Paladin. Encore sous le coup de la stupéfaction que vous a causée cette incroyable aventure, vous avancez le long du tunnel. Rendez-vous au **223**.

151

Les cavaliers arrivent jusqu'aux tentes et descendent de cheval. Un homme sort alors de l'une des tentes et engage la conversation avec eux. Quelques instants plus tard, d'un geste de la main, il semble leur indiquer une direction. Les cavaliers en armures noires remontent en selle et repartent au galop. Vous les suivez des yeux mais, soudain, tout devient flou. La scène dont vous avez été le témoin semble s'évanouir, et vous vous retrouvez face à un mur de pierre. Vous avez été abusé par un mirage. Alors que vous voulez reprendre votre chemin en direction de la porte, vous vous rendez compte avec horreur que vous êtes parfaitement incapable de faire le moindre pas : pendant que vous étiez fasciné par le mirage, d'immondes tentacules gluants se sont enroulés autour de vos chevilles ! Et d'un coin obscur du couloir surgit une forme sombre et massive qui se précipite sur vous. Rendez-vous au **90**.

152

Une cascade de pièces d'or et de joyaux inestimables coulent entre vos doigts. Mais vous vous rendez vite compte qu'il vous est impossible de tout emporter avec vous. Si vous le désirez, vous pouvez, en prenant votre temps, trier le contenu du coffre pour choisir ce qui vous semble être le plus précieux (rendez-vous au **169**). Mais si vous décidez de ne prêter aucune attention à ce trésor, vous franchissez la porte. Rendez-vous au **24**.

153

L'Elfe Dément tourne autour de vous, cherchant votre point faible. Vous remarquez la pâleur de sa peau, la bave qui écume à ses lèvres, et vous vous demandez si ce n'est pas la fièvre qui le fait délirer.

ELFE DÉMENT ENDURANCE : 9

Jetez deux dés. Si vous obtenez :
de 2 à 6 : vous êtes blessé par une flèche et vous perdez 2 points d'ENDURANCE ;
de 7 à 12 : vos coups atteignent l'Elfe qui perd 3 points d'ENDURANCE.

Si vous menez le combat à son terme et si vous êtes vainqueur, rendez-vous au **231**. Mais si vous décidez de prendre la Fuite, après le premier Assaut, lancez les dés comme à l'habitude, puis rendez-vous au **37**.

154

Arrivé sans encombre au premier étage de la demeure, vous poussez les portes de plusieurs pièces qui toutes sont poussiéreuses et désertes. Cependant, dans l'une d'elles, une chambre très certainement, vous remarquez un grand lit à baldaquin. Et soudain, cela vous rappelle à quel point vous êtes fatigué et frigorifié. Vous pouvez vous étendre sur le lit et dormir, si vous le désirez (rendez-vous au **10**). Mais peut-être préférez-vous regagner le rez-de-chaussée pour voir ce qui se trouve derrière la porte (rendez-vous au **15**) ?

155

Vous brandissez la Gousse d'ail, en espérant qu'elle terrorisera le Molosse des Ténèbres. En grondant sourdement, il ne vous quitte pas de ses yeux rougeoyants, alors que, tremblant de peur, vous vous glissez le long du mur en direction du passage. Soudain, il se met à rugir et une langue de flammes jaillit de sa gueule béante et vous enveloppe. Possédez-vous un Topaze ? Si oui, ce joyau magique vous rend insensible au feu. Rendez-vous dans ce cas au **283**. Si vous n'avez pas de Topaze, les flammes vous brûlent et vous font perdre 5 points d'ENDURANCE. Si vous êtes toujours en vie, vous vous enfuyez comme vous le pouvez vers le passage où le monstre ne pourra plus vous atteindre. Rendez-vous au **283**.

156

Si vous le souhaitez, vous pouvez maintenant fouiller la chambre. Rendez-vous alors au **278**. Si vous préférez quitter ce lieu, rendez-vous au **219**.

157

Vous revenez sur vos pas en courant du plus vite que vous le pouvez. A l'instant où vous passez sous la lampe à huile suspendue au plafond, une flèche, en sifflant, vous frappe dans le dos et vous transperce le cœur. Vous êtes mort avant même de toucher le sol.

158

Le liquide a un goût très fort, peu agréable. Pourtant dès que vous l'avalez, vous sentez en vous un formidable renouveau d'énergie. Toutes les blessures que vous avez pu recevoir guérissent et disparaissent en quelques secondes. Ramenez le total de vos points d'ENDURANCE à son niveau initial. Vous pouvez à présent essayer la potion rouge (rendez-vous au **224**), la potion verte (rendez-vous au **212**), mais vous pouvez aussi quitter la pièce (rendez-vous au **238**).

159

Fébrilement, vous débouchez la fiole avec vos dents, et vous essayez d'ingurgiter le liquide bleuté. Mais la corde qui vous étrangle vous empêche d'en avaler la moindre gorgée. Vous jetez alors la fiole et vous essayez de vous emparer du parchemin : vous avez la certitude qu'il contient une formule magique ou une incantation qui pourrait vous sauver. Mais il est trop tard. Le lien se resserre autour de votre cou comme les anneaux d'un python, et vos mains qui l'agrippent et le tirent ne desserrent pas d'un pouce son étreinte. Vous tombez à terre où vous vous contorsionnez dans tous les sens, mais de plus en plus mollement. La corde magique vous écrase la trachée-artère. C'est la fin brutale de votre aventure.

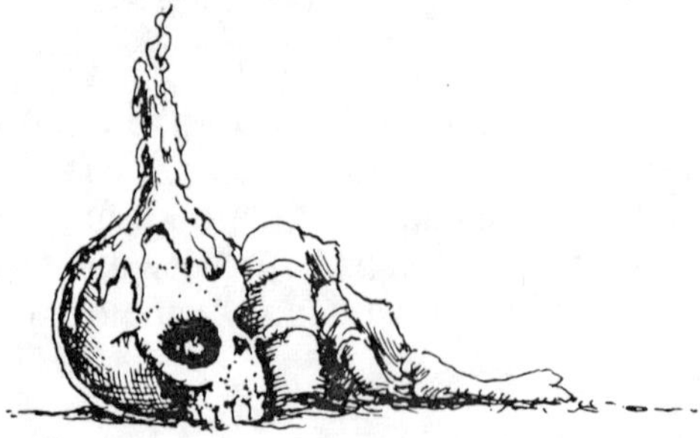

160

Après mûre réflexion, vous décidez de n'en rien faire. Vous occupez une bonne position défensive près de l'entrée du tunnel, et vous savez adapter votre façon de combattre aux différentes circonstances qui se présentent. Mais l'invisibilité du Lutin et sa fureur d'ivrogne se conjuguent pour rendre ce combat particulièrement désespéré.

LUTIN ENDURANCE : 12

Lancez deux dés. Si vous obtenez :
de 2 à 7 : vous recevez une blessure et vous perdez 3 points d'ENDURANCE ;
de 8 à 12 : votre coup a atteint le Lutin qui perd 3 points d'ENDURANCE.

Si vous menez le combat à son terme et si vous êtes vainqueur, rendez-vous au **123**. Mais si vous voulez prendre la Fuite, rendez-vous au **213** sans lancer les dés.

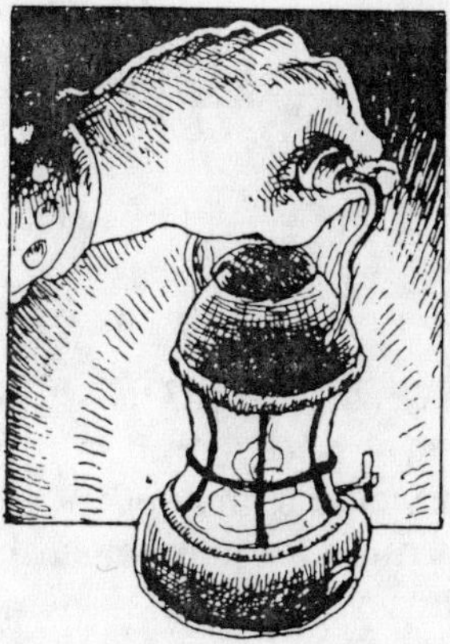

161

... La vision disparaît et vous êtes de retour dans le fouillis de l'entrepôt. La roue a cessé de tourner. Est-il possible que vous ayez eu la vision de votre propre avenir ou de l'un des avenirs éventuels qui vous attendent ? Cela vous a-t-il fait découvrir le moyen vous permettant de vaincre le Vampire ? Si vous désirez faire tourner la roue dans le sens contraire des aiguilles d'une montre, rendez-vous au **265**. Si vous souhaitez quitter la pièce sans plus attendre, rendez-vous au **32**.

162

Au moment où votre épée frappe le Spectre, elle se rouille dans l'instant, et se brise au niveau de la garde. Il vous faudra désormais enlever 2 points à tous les résultats que vous obtiendrez en lançant les dés, jusqu'à ce que vous ayez réparé ou remplacé votre arme. Le Spectre en haillons approche. Il vous domine de toute sa hauteur. Votre assaut l'a laissé parfaitement indemne. Rendez-vous au **172**.

163

Le Corbeau croasse de nouveau, puis s'envole de l'épaule de la vieille femme et va se percher sur une des poutres. Vous avez la main sur la garde de votre épée mais, sans vous laisser le temps de réagir, la Sorcière s'est précipitée vers la cheminée en vous frôlant, et a lancé une poudre grise dans le feu. Un énorme nuage de fumée épaisse et grasse s'échappe maintenant de l'âtre et prend, à votre stupéfaction, la forme d'une sombre créature simiesque. « Regardez comment je traite les intrus trops curieux ! » hurle la Sorcière en faisant signe à son Monstre Fumoïde d'avancer. Allez-vous courir vers la porte (rendez-vous au **114**), allez-vous faire front et combattre la créature (rendez-vous au **65**), ou bien croyez-vous pouvoir vous tirer autrement de ce mauvais pas (rendez-vous au **201**) ?

163 *La Sorcière fait signe à son Monstre Fumoïde d'avancer.*

164

Devant vous se trouve un grand escalier de marbre que vous descendez et qui aboutit dans une majestueuse salle à colonnades, dont le sol est aussi brillant qu'un miroir. Sur une scène située à l'autre bout de la salle et illuminée par des cristaux bleus inscrustés dans les murs, vous découvrez les musiciens : quatre squelettes en habit de velours, qui jouent de plusieurs instruments différents. Enchanté par l'étrange beauté de la musique, vous vous approchez lentement. Plusieurs fauteuils sont disposés devant la scène et, sans comprendre comment, vous vous retrouvez assis dans l'un d'eux. En écoutant les squelettes jouer, vous ne pouvez qu'être émerveillé par les fioritures baroques du clavecin et la virtuosité des solos du violon. Fasciné par la musique, c'est à peine si vous remarquez la présence d'un autre spectateur, un chevalier en armure assis non loin de vous. En réalité, il n'est plus qu'un peu de poussière dans une armure vide, car cela fait des années qu'il a pénétré dans cette salle et qu'il a été envoûté par la musique hypnotique du quatuor des squelettes. Voilà longtemps que la mort l'a saisi alors qu'il admirait leur spectacle éternel et fatal. Il vient de trouver un compagnon, maintenant...

165

Vous poussez la lourde plaque et vous parvenez enfin à la faire glisser. Vous vous attendiez à trouver dans le sarcophage les restes décomposés du Paladin, mais au lieu de cela vous découvrez un corps admirablement conservé. Si ce n'était le silence de son cœur et la froideur de sa chair, vous pourriez le croire endormi plutôt que mort. Il porte tous ses ornements de combat, et ses mains sont crispées sur la poignée d'une épée qui semble bien trop lourde pour un homme de force normale. Le corps de Ganelon est recouvert d'un suaire portant une inscription en caractères runiques, brodés au fil d'or. Allez-vous :

Prendre l'épée ?	Rendez-vous au **282**
Prendre le suaire ?	Rendez-vous au **258**
Quitter le tombeau et poursuivre votre chemin ?	Rendez-vous au **223**

166

En brandissant l'Os en marbre que vous avez trouvé derrière l'Autel du Mal, vous ouvrez la porte. Rendez-vous au **164**.

167

Vous quittez la pièce et vous progressez le long du passage avec précaution, vous demandant si l'infâme maître du Molosse des Ténèbres se trouve à proximité. Rendez-vous au **283**.

168

Vous observez les vaguelettes que vos Pièces ont fait apparaître à la surface de l'eau, en vous demandant si vous ne les avez pas bêtement gaspillées. Tout à coup, l'eau se met à tourbillonner en se teintant de rouge et, l'espace d'un instant, vous croyez entrevoir un visage maléfique qui vous fixe d'un regard hypnotique. Mais l'apparition disparaît presque immédiatement. Vous vous frottez les yeux, vous demandant si vous n'avez pas rêvé. Pourtant, en vous dirigeant vers la porte du château, vous vous sentez comme averti du danger qui vous menace. Rendez-vous au **129**.

169

Vous passez un certain temps à choisir tranquillement les pierres les plus grosses et les mieux taillées. Vous êtes ravi de votre découverte, et vous rêvez déjà à tout ce que vous allez pouvoir vous offrir grâce à cette fortune inespérée. La joie qui vous gagne vous fait éclater de rire, jusqu'à ce que soudain il vous soit impossible de respirer. En chancelant, vous essayez d'atteindre la porte, abandonnant derrière vous les bijoux, qui parsèment le sol de pierre. Vous vous acharnez sur la poignée, mais vous n'avez plus assez de force pour la tourner. Voilà ce que vous a apporté votre trop grand appétit de richesse : vous êtes maintenant enfermé dans une pièce qui se remplit d'un gaz nocif. Vous tombez en arrière, haletant désespérement, complètement asphyxié. Vous avez échoué dans votre mission.

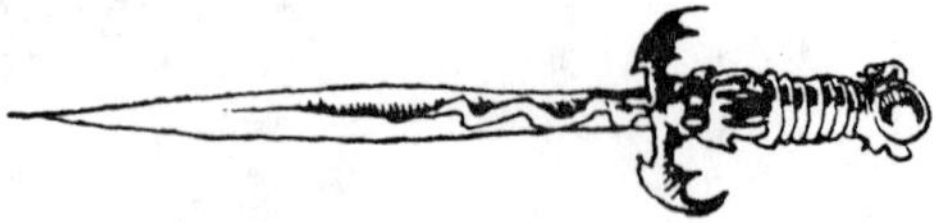

170

La lanterne se brise et les flammes enveloppent le tableau. Le personnage se fige, regarde autour de lui, puis laisse tomber son arc en se protégeant le visage avec les bras. Vous allumez votre lanterne de secours en regardant le tableau magique disparaître dans les flammes. Il semble qu'il n'y ait plus rien d'intéressant ici, et vous pouvez maintenant gravir les escaliers en direction de la porte de gauche (rendez-vous au **34**), ou de celle de droite (rendez-vous au **237**).

171

Vous êtes seul dans la chambre de la Sorcière. Votre regard est une fois de plus attiré par le plateau de pain et de viande qui est posé sur le bureau. Si vous souhaitez manger, rendez-vous au **254**. Sinon, rendez-vous au **156**.

172

Votre épée est impuissante contre le monstre mort vivant. D'un geste cinglant, il vous catapulte contre le mur. Vous perdez 3 points d'ENDURANCE. Si vous êtes toujours en vie, il s'approche, menaçant, sûr de son invincibilité. Si vous avez un Chandelier d'argent, sortez-le de votre Sac à Dos, et rendez-vous au **73**. Si vous n'avez pas trouvé cet objet au cours de votre aventure, il vous faut essayer de Fuir. Sans lancer les dés comme à l'habitude, vous vous rendez au **47**.

173

Cette porte aussi est verrouillée, et vous n'avez pas de clé. Vous n'avez plus qu'une solution : essayer d'ouvrir la porte du milieu. Rendez-vous au **182**.

174

Vous vous glissez dans l'alcôve sans faire le moindre bruit mais, malheureusement pour vous, c'est à ce moment-là que le Lutin tourne la tête, se trempe le nez dans la flaque de bière et se réveille en crachotant. Il vous fixe de ses yeux verts, injectés de sang et, saisissant ses armes, il se dresse d'un bond en rugissant comme le tonnerre. Vous sortez de l'alcôve à reculons, tandis que le Lutin enragé avance vers vous, brandissant une hache et un poignard ébréché dans ses énormes mains. Vous guettez attentivement le meilleur moment pour porter une attaque, mais il vous surprend complètement en marmonnant une phrase magique. Il devient subitement flou et puis il disparaît ! Visible, il était déjà un redoutable adversaire, mais comment le combattre maintenant que vous ne pouvez même plus le voir ? Allez-vous vous précipiter pour frapper là où vous l'avez vu pour la dernière fois (rendez-vous au **160**), ou bien allez-vous essayer de trouver dans votre Sac à Dos un objet qui puisse faire échec à l'invisibilité (rendez-vous au **144**) ?

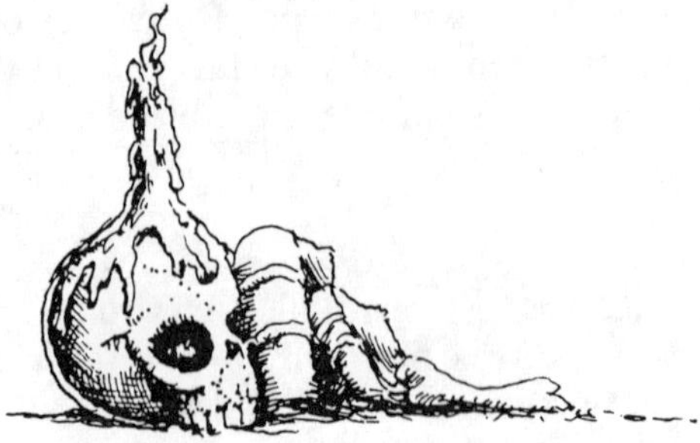

175

Le topaze est merveilleusement taillé : en l'examinant soigneusement à la lumière de votre lanterne, vous ne pouvez y discerner aucun défaut. Vous estimez sa valeur à 8 Pièces d'Or. Après avoir rangé le joyau dans votre Sac à Dos, allez-vous quitter la pièce (rendez-vous au **264**) ou prendre une autre pierre : le rubis (rendez-vous au **275**), la hyacinthe (rendez-vous au **205**), l'émeraude (rendez-vous au **145**), ou le saphir (rendez-vous au **85**) ?

176

L'Ail a beau être la hantise du Vampire, leur maître, il n'a aucun effet sur les chauves-souris. Elles se précipitent avec avidité sur vous, vous enveloppant de leurs ailes noires et rapeuses. Des dents minuscules, acérées comme des aiguilles, vous trouent la peau. Vous laissez tomber votre épée et vous vous débattez comme un aveugle, alors que, toujours plus nombreuses, des nuées de chauves-souris viennent se joindre au festin. Vous trébuchez et, finalement, vous vous écroulez sous le poids du nombre. Dans le silence de la caverne, les chauves-souris s'installent sur votre corps inerte et se repaissent de votre sang. Vous avez échoué dans votre mission.

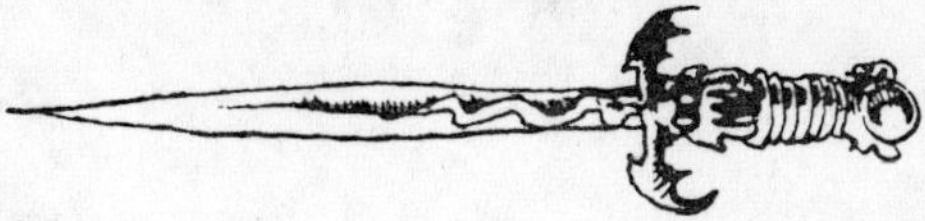

177

Le casque dont vous êtes coiffé est le légendaire Heaume de Kanaba qui permet à celui qui le porte de déjouer certaines hallucinations. Ce Heaume a le pouvoir d'annihiler les hallucinations simples, mais lorsque celui qui le porte se trouve confronté à des hallucinations magiques, et donc plus puissantes, il crée chez cette personne un sentiment de scepticisme. Grâce à lui, vous vous rendez compte à présent que les richesses contenues dans le coffre ne sont que verroterie et minéraux sans valeur. D'un geste rageur, vous répandez le contenu du coffre sur le sol et, en jurant, vous quittez la pièce par la porte qui vous fait face. Rendez-vous au **92**.

178

Vous époussetez la couverture de l'un des volumes que vous avez choisi, et vous l'ouvrez au hasard. On dirait une sorte d'encyclopédie, mais sans classification ni table des matières. Allez-vous porter cet ouvrage sur la table et vous installer dans le fauteuil pour l'étudier d'une manière plus approfondie (rendez-vous au **79**), ou préférez-vous le remettre à sa place et revenir dans le hall, d'où vous pouvez soit gravir l'escalier (rendez-vous au **252**), soit vous diriger vers le passage (rendez-vous au **36**) ?

179

Bien que le liquide ne soit pas d'une couleur trop engageante, vous en appréciez le goût et la fraîcheur. Au fur et à mesure que vous videz la fiole, une revigorante bouffée d'énergie se répand dans tout votre corps. Vos plaies se cicatrisent sous vos yeux, à une vitesse stupéfiante. Ramenez votre total d'ENDURANCE à son total de départ. Vous vous débarrassez de la fiole et vous vous essuyez la bouche du revers de votre gantelet. Votre visage arbore maintenant un sourire menaçant. Revigoré comme vous l'êtes, vos ennemis n'ont qu'à bien se tenir ! Vous êtes un guerrier avec lequel il va falloir compter ! Allez-vous à présent gagner la porte de chêne (rendez-vous au **255**) ou la petite porte (rendez-vous au **38**) ?

180

Le tunnel ne tarde pas à s'élargir et vous vous trouvez face à trois portes identiques. Laquelle allez-vous essayer d'ouvrir en premier :

La porte de droite ?	Rendez-vous au **149**
La porte du milieu ?	Rendez-vous au **182**
La porte de gauche ?	Rendez-vous au **259**

181

Vous vous arc-boutez contre les parois de la cheminée, et vous entamez votre descente dans l'obscurité. Malheureusement, la boue de la forêt colle à vos bottes et les rend gluantes, et il y a de grandes chances pour qu'elles glissent sur les briques détrempées et sur la mousse qui tapisse les parois. Jetez deux dés. Si le chiffre que vous obtenez est égal ou inférieur à votre total d'ENDURANCE, rendez-vous au **68**. Sinon, rendez-vous au **21**.

182

Vous pénétrez dans une petite caverne et vous la traversez, vous dirigeant vers un trou noir qui s'ouvre dans la paroi d'en face, apparemment l'ouverture d'un tunnel. L'écho de vos pas résonne bruyamment contre les parois rugueuses. Vous pointe le faisceau de votre lanterne vers la voûte de la caverne : les ombres semblent s'agiter, se disloq, se précipiter sur vous. Une nuée de gross chauves-souris, dérangées sans aucun doute par lumière, volettent vers vous. Il y en a des dizain Leurs petits visag féroces surgissent de l'obs té, et leurs gue béantes s'ouvrent sur d ngs serrés de jaunâtres. Vous ne disp que de quelques i avant qu'elles ne soien vous. Allez-vou

Une nuée de gros ve hauves-souris volettent
s.

un objet dans votre Sac à Dos (rendez-vous au **206**), ou préférez-vous essayer de vous ouvrir un chemin à coups d'épée pour atteindre l'entrée du tunnel (rendez-vous au **135**) ?

183

Vous déballez le fromage en grimaçant car il dégage une odeur peu propice à ouvrir l'appétit ! Vous pouvez cependant le manger si vous le désirez (rendez-vous au **6**). Mais vous pouvez également l'utiliser pour vous boucher les oreilles (rendez-vous au **110**).

184

Vous vous jetez sur le Baron mais, avant que vous n'ayez pu lui assener le moindre coup, la puissance hypnotique de son regard maléfique vous immobilise. Vous sentez que vos doigts engourdis laissent glisser l'épée qui tombe au sol à grand fracas. Vous êtes maintenant impuissant et vous ne pouvez opposer aucune résistance. Vous ne pouvez que regarder, avec une horreur grandissante, le Baron Ténébron qui avance vers vous. Il découvre ses crocs luisants en un sourire d'une invraisemblable cruauté, et se penche sur votre gorge offerte. Ici prend fin votre aventure, ainsi que votre vie.

185

En passant votre main derrière l'autel, vous faites coulisser un panneau révélant une cache secrète qui contient un morceau de marbre d'un blanc bleuté taillé en forme d'os. Vous pouvez l'emporter si vo[illegible] le désirez (inscrivez alors cet objet sur votre F[illegible] d'Aventure). Vous quittez la chapelle et vo[illegible] dirigez vers l'extrémité du couloir. Rendez[illegible] **210**.

186

Vous poursuivez votre chemin le long du passage jusqu'à ce que qu'il débouche sur un couloir dont les murs s'ornent de porte-flambeaux vides. Sur votre gauche le couloir se termine par une porte dont la poignée dorée a la forme d'une main ouverte. Vers la droite, le couloir se poursuit et semble devenir sinueux. Allez-vous prendre à gauche et essayer d'ouvrir la porte (rendez-vous au **130**), ou prendre à droite (rendez-vous au **242**) ?

187

Vous ne pouviez faire pire chose que d'enlever le suaire ! Son pouvoir magique vous rendait immatériel, et maintenant que vous l'ôtez, vous voilà pris dans la pierre ! Au moins, d'intolérables souffrances vous sont épargnées, car le choc infligé à votre organisme, quand vous vous rematérialisez en pleine roche, vous tue instantanément.

188

Maladroitement, vous trébuchez. Le bruit que vous provoquez est à peine audible mais cependant bien assez fort pour alerter le corbeau, qui à son tour avertit sa maîtresse d'un croassement caverneux. En se retournant, elle murmure une incantation. Votre épée est encore à moitié engagée dans son fourreau, quand la Sorcière achève de prononcer sa formule magique. Un brouillard de boules rouges et gluantes, comme du sang coagulé, vous enveloppe aussitôt. Deux pupilles dorées, lumineuses, aussi terribles que les yeux d'un cobra enragé, oscillent dans l'indéfinissable matière rouge. La Sorcière a mobilisé contre vous une puissance démoniaque, qui menace de détruire votre âme ! Lancez les dés en essayant bientôt vous apercevez un Elfe à quelques pas de vous, armé d'un arc et d'un carquois de flèches. Allez-vous l'accueillir amicalement (rendez-vous au **9**) ou dégainer votre épée pour l'attaquer (rendez-vous au **153**) ?

191

La puissance magique du Spectre est trop forte pour vous. Vous essayez de résister à son pouvoir, mais vous êtes à présent bien trop affaibli. L'expression que vous voyez sur le visage ratatiné et couvert de rides du Spectre anéantit ce qui vous reste d'énergie vitale. Et ce sera la dernière image que vous emporterez dans la mort. Votre aventure se termine ici.

192

L'ascension est pénible et vous êtes vite noir de suie. Cette escalade vous épuise, mais en levant les yeux vous vous rendez compte que c'est bien un coin de ciel nocturne que vous apercevez, tout en haut. C'est alors que vous posez le pied sur une brique mal scellée qui se détache, et vous glissez. Lancez deux dés. Si vous obtenez un résultat inférieur ou égal à votre total d'HABILETÉ, rendez-vous au **74**. Dans le cas contraire, rendez-vous au **21**.

193

Au bout de quelques pas, vous arrivez devant deux portes. La poignée de la première porte est en cuivre incrusté de jade, et celle de la deuxième en étain constellé d'éclats nacrés de pierres de lune. Laquelle de ces portes allez-vous ouvrir :

La porte à poignée de cuivre ? Rendez-vous au **132**
La porte à poignée d'étain ? Rendez-vous au **263**

194

Sans faire le moindre bruit, vous vous glissez dans l'alcôve et vous vous emparez des armes du Lutin, accrochées à son ceinturon. Il s'arrête de ronfler, ouvre un œil injecté de sang mais, avant même qu'il ne se rende compte de ce qui lui arrive, vous le frappez sans pitié. Il s'écroule dans les tonneaux de bière vides et, en crachant un sang verdâtre, il pointe péniblement un doigt vers vous ; le Lutin expire mais, dans un dernier souffle, il parvient pourtant à vous jeter un sort. Lancez deux dés. Si vous obtenez un résultat inférieur ou égal à votre total de PSI, rendez-vous au **274**. Sinon, rendez-vous au **288**.

195

Votre épée à la main, prêt à vous défendre contre toute attaque, vous gravissez les marches qui mènent à la scène sans que les squelettes vous prêtent la moindre attention. Il semble que leur rôle se résume à jouer éternellement cette curieuse musique. Un coup d'œil sur une des partitions vous apprend que l'œuvre est signée de la main même du Baron Ténébron. Vous avez sans aucun doute fait preuve de sagesse en vous bouchant les oreilles pour ne pas entendre l'inquiétante mélodie. Aux pieds de l'un des musiciens vous remarquez une Flûte en or. Très certainement est-elle là depuis très longtemps car, malgré tous les événements invraisemblables dont vous avez été le témoin, vous ne pouvez imaginer un squelette soufflant dans cet instrument. Vous pouvez vous en saisir (n'oubliez pas dans ce cas de l'inscrire sur votre Feuille d'Aventure). En levant les yeux, vous constatez que les cristaux bleus qui irradient la scène de leurs feux sont fixés dans des appliques murales en forme de gantelets de fer. Si vous désirez prendre un des cristaux de lumière, rendez-vous au **88**. Si vous préférez quitter la salle par la porte située non loin de la scène, rendez-vous au **287**.

196

En faisant très attention à ne pas glisser sur les pierres lisses et mouillées, vous commencez à traverser le petit lac. Vous êtes presque à mi-chemin, lorsque quelque chose d'indéfinissable crève la surface de l'eau, dans une gerbe d'éclaboussures. Vous vous accrochez un instant à l'espoir qu'il n'y a là rien de plus dangereux qu'une grosse anguille ou un poisson. Mais vous découvrez vite, et bien trop clairement, que ce qui est apparu dans la fantomatique lumière verte est une main humaine, enflée et pourrie. Elle se saisit d'une des pierres plates tandis que d'autres formes surgissent des eaux sombres. Une odeur de pourriture tiède infecte l'atmosphère. Tout autour de vous, des Zombies émergent lentement de leur tombeau liquide, et leurs figures blafardes sont horribles à voir dans la luminescence qui vacille entre les parois rocheuses. Vous commencez à reculer, mais quelques Zombies se sont déjà hissés sur les pierres qui sont derrière vous. Avez-vous un bouclier à l'emblème des Licornes ? Si oui, rendez-vous au **121**. Sinon, rendez-vous au **84**.

197

Possédez-vous une autre lanterne ? Dans ce cas, rendez-vous au **170**. Sinon, rendez-vous au **108**.

198

Vous êtes sur le point d'ouvrir l'une des boîtes, lorsque vous sentez un mouvement derrière vous. Vous

vous retournez en un éclair, tout en dégainant votre épée, et vous voyez un Squelette qui s'extrait du bric-à-brac qui vous entoure et se met lentement debout, dans un effroyable cliquetis d'os. Vous fixant de ses orbites vides, il s'avance vers vous et il vous faut le combattre.

SQUELETTE ENDURANCE : 6

Lancez deux dés. Si vous obtenez :
de 2 à 4 : vous recevez une blessure et vous perdez 3 points d'ENDURANCE ;
de 5 à 12 : le Squelette perd 3 points d'ENDURANCE.

Si vous menez le combat à son terme et si vous êtes vainqueur, rendez-vous au **40**. Si vous décidez de prendre la Fuite, après le premier Assaut, lancez alors les dés à la manière habituelle et rendez-vous au **45**.

199

La porte s'ouvre à la volée et vous vous engagez à toute vitesse dans un passage étroit et tortueux. Le Seigneur Vampire est sur vos talons. Mais il vous semble déceler à présent, dans ses grondements de rage, une sorte d'affolement, voire de panique. Seriez-vous sur le point de faire une découverte qui vous permettrait de le vaincre ? Le passage débouche bientôt sur une salle vide, éclairée par des bougies. Vide ? Non... Car en son centre se trouve un cercueil noir au couvercle cerclé d'argent. Le repaire du Vampire ! Le Seigneur des Ténèbres surgit sur vos talons. Il a abandonné ses airs mielleux et, dans son regard de mort, il ne reste que l'appétit sanguinaire d'une bête démente. Il est sur le point de vous sauter à la gorge. En désespoir de cause — d'ailleurs aucune autre idée ne vous vient à l'esprit —, vous renversez votre lanterne sur le couvercle du cercueil. L'huile se répand autour du catafalque, bientôt suivie d'une flamme qui l'engloutit totalement. Les yeux du Vampire se remplissent d'horreur, un épouvantable cri de rage et de terreur lui déforme la bouche. Mais c'est un cri silencieux car, au fur et à mesure que le cercueil se consume, la chair de la créature s'effrite et tombe en lambeaux, mettant ses os à nu. Il tend un bras qui se décompose déjà et s'effondre sous le poids des siècles qui viennent de le rejoindre. Vous avez triomphé du monstrueux Seigneur des Ténèbres. Rendez-vous au **290**.

200

La clé tourne dans la serrure et la porte s'ouvre, découvrant une pièce pleine de vapeurs et de fumées. Une odeur de cuisine très épicée vous assaille. A travers les épaisses volutes qui vous entourent, vous arrivez à peine à reconnaître la silhouette hideuse de la vieille Sorcière que vous avez déjà rencontrée. Elle est penchée sur un chaudron en fer, dont elle malaxe le contenu à l'aide de son bâton. Ni la Sorcière, trop occupée à triturer la mixture bouillonnante, ni le

200 *La vieille Sorcière est penchée sur un cha dron de fer.*

Corbeau perché sur son épaule bossue n'ont remarqué votre présence. Allez-vous essayer de vous faufiler dans cette espèce d'antre (rendez-vous au **203**) ou préférez-vous faire demi-tour et ouvrir une autre porte (rendez-vous au **227**) ?

201

Sans perdre un instant, vous cherchez un moyen d'éviter le combat avec le Monstre Fumoïde. Allez-vous :

Saisir des manuscrits sur le bureau de la Sorcière ?	Rendez-vous au **141**
Vous emparer du soufflet qui se trouve à côté de la cheminée ?	Rendez-vous au **233**
Proposer à la Sorcière de partir tout de suite si elle accepte de retenir son monstre ?	Rendez-vous au **268**

202

... Vous vous retrouvez dans une petite chambre qui empeste la bière et la transpiration. Vous remarquez un homme à la musculature puissante, allongé sur une paillasse. Il tient une outre à deux mains et se verse du vin dans la bouche. L'Anneau de Moebius a disparu maintenant. Et bien qu'il vous ait arraché aux griffes de la mort, tout danger n'est pas écarté pour autant, car l'homme saisit en un tournemain une énorme hache de guerre et se précipite sur vous. Inutile de vouloir discuter avec un tel Barbare. Il vous faut le combattre ou Fuir.

BARBARE ENDURANCE : 12

Lancez deux dés. Si vous obtenez :
de 2 à 5 : vous êtes touché et vous perdez 3 points d'ENDURANCE ;
de 6 à 12 : le Barbare perd 3 points d'ENDURANCE.

Si vous menez le combat à son terme et si vous êtes vainqueur, rendez-vous au **229**. Si vous voulez prendre la Fuite par la porte, vers le couloir, mais seulement après le premier Assaut, lancez les dés à la manière habituelle et rendez-vous au **186**.

203

Lancez deux dés. Si le résultat que vous obtenez est inférieur ou égal à votre total d'HABILETÉ, rendez-vous au **289**. S'il lui est supérieur, rendez-vous au **188**.

204

La cavité est plus profonde que vous ne le pensiez, et vous y enfoncez le bras jusqu'au coude, en tâtonnant à l'aveuglette. Au moment même où vos doigts se referment sur un objet de petites dimensions, vous entendez un claquement inquiétant. Portez-vous le Bracelet d'or du Spectre ? Si oui, rendez-vous au **261**. Si vous ne portez pas cet objet, rendez-vous au **273**.

205

Au moment où vous saisissez la pierre précieuse, une douleur fulgurante vous traverse le bras. Lancez un dé. Le résultat que vous obtenez indique le nombre de points d'ENDURANCE que la douleur vous fait perdre. Si vous êtes toujours en vie, vous rejetez la hyacinthe en hurlant. Allez-vous maintenant quitter la pièce (rendez-vous au **264**), ou bien désirez-vous prendre une autre pierre ? Vous avez le choix entre le topaze (rendez-vous au **175**), le rubis (rendez-vous au **275**), l'émeraude (rendez-vous au **145**), ou le saphir (rendez-vous au **85**).

206

Quel objet allez-vous utiliser pour vous défendre contre les chauves-souris :

Une gousse d'Ail ? Rendez-vous au **176**
Une Flûte en or ? Rendez-vous au **122**
Une Amulette en argent
en forme de chauve-souris ? Rendez-vous au **25**

Si vous n'avez aucun de ces objets, vous allez devoir combattre ces répugnantes créatures. Rendez-vous au **135**.

207

Vous buvez la potion magique d'un trait. Par un énorme effort de volonté, vous arrivez à vaincre le pouvoir hypnotique de la statuette en vous arrachant à son regard scintillant. Rendez-vous au **64**.

208

Au moment où vous alliez frapper, une force invisible détourne la lame de votre épée. Le Spectre est toujours là, devant vous, parfaitement indemne. Rendez-vous au **172**.

209

Chacune des fioles est pleine d'un liquide d'une couleur différente. Quelle potion allez-vous goûter :

La potion rouge ? Rendez-vous au **224**
La potion bleue ? Rendez-vous au **158**
La potion verte ? Rendez-vous au **284**

210

Vous vous trouvez sur le seuil d'une longue galerie, au bout de laquelle vous distinguez une porte à double battant. Aux murs sont accrochés des portraits : vous en comptez treize. Très certainement, les portraits des différents maîtres qui se sont succédé dans cette demeure. Ils ont tous l'air plus sinistres et dépravés les uns que les autres. Le dernier de la lignée — le treizième Baron Ténébron, selon l'inscription qui est gravée sur une plaque de cuivre scellée dans le mur — est un personnage d'une malfaisance si évidente que vous vous en étranglez presque de saisissement. Vous prenez du recul pour mieux observer le tableau lorsqu'un obstacle, caché dans l'ombre, vous fait trébucher. Vous vous penchez et vous découvrez, en frissonnant, qu'il s'agit d'une vieille armure rouillée, dans laquelle se trouvent les restes du squelette d'un chevalier mort depuis des lustres. Posée à ses côtés, son épée, elle, a échappé à la corrosion. La lame en effet est d'un métal bleu chatoyant, et une grosse améthyste est incrustée dans le pommeau. Si vous désirez prendre cette épée, rendez-vous au **75**. Si vous préférez ne pas y toucher et vous diriger vers la porte, rendez-vous au **251**.

211

Heureusement pour vous, la porte s'ouvre facilement. Vous la franchissez en trombe, et vous la claquez violemment derrière vous. Juste à temps car, malgré l'épaisseur du chêne, vous entendez l'impact de deux autres flèches qui se plantent dans le bois. Rendez-vous au **126**.

212

Le liquide est un fortifiant magique. En le buvant, vous rendez à votre total d'HABILETÉ et à votre total

210 *Le dernier tableau montre un personnage d'une malfaisance évidente.*

de PSI leur valeur initiale. Il reste encore une potion. Allez-vous l'essayer également (rendez-vous au **224**) ou bien préférez-vous quitter la pièce (rendez-vous au **238**) ?

213

Impossible de prendre la Fuite devant un ennemi invisible ! Jetez un dé : si vous faites de 1 à 3, vous esquivez le coup qu'il vous porte. Si vous faites de 4 à 6, le Lutin vous blesse, et vous perdez 3 points d'ENDURANCE. Mais, dans l'un ou l'autre cas (à condition, bien sûr, que vous soyez toujours vivant si vous avez perdu 3 points d'ENDURANCE), vous vous êtes suffisamment rapproché de l'entrée du tunnel pour vous y engouffrer. Et, sans prêter la moindre attention aux jurons que pousse le Lutin, vous vous enfuyez à toutes jambes. Rendez-vous au **124**.

214

Semblables à de sombres molosses sortis tout droit de l'enfer, les loups bondissent sur vous. Vous tranchez la tête du premier et vous en étripez un autre d'un aller et retour sanglant de votre épée mais, avant que vous puissiez vous retourner, un troisième loup surgit des broussailles et ses crocs luisants vous brisent la nuque, mettant un terme brutal à la mission que vous aviez entreprise.

215

L'homme répond aimablement à votre salut et, d'un geste, vous indique un fauteuil qui fait face à la cheminée. La chaleur du feu vous réconforte, et vous vous laissez aller sans la moindre crainte, pendant que votre hôte s'affaire à vous préparer une soupe bien chaude. Vous vous restaurez bientôt avec le plus grand plaisir ; l'homme, quant à lui, a repris son travail, attendant certainement que vous vous soyez rassasié. Ce repas vous permet d'ajouter 3 points à votre total d'ENDURANCE. « Vous avez terminé ? Alors permettez-moi maintenant de me présenter. Je suis le père Hosanange. Soyez le bienvenu chez moi, mon ami, mais je dois vous prévenir que cette modeste pièce est le seul sanctuaire de paix dans ce lieu maléfique. Oui... traverser le Bois du Regret est une agréable promenade comparée à ce qui vous attend dans cette demeure où vous avez réussi à pénétrer. Mais je vois bien que vous êtes un étranger, un aventurier venu de contrées lointaines, et que jamais vous n'avez entendu parler du Château des Ténèbres. Vous ne connaissez donc pas la terrible légende...

« Il y a bien des années vivait ici le Baron Ténébron, treizième du nom. Un homme dont la cruauté était sans égale. Plutôt que de se soumettre à la mort, il conclut un pacte avec le Maître des Enfers, et devint un Mort Vivant, un Vampire de la pire espèce qu'il soit. Depuis maintenant presque deux siècles, il se terre dans les cryptes du Château, ne se risquant à en sortir que la nuit pour capturer ses victimes. Celles qu'il ne tue pas, il les hypnotise et en fait ses esclaves. »

Le père Hosanange, en faisant un large geste de la main, vous montre l'ail, les crucifix et bien d'autres objets qui pendent contre les murs. « Certes, grâce à ma connaissance des morts vivants et de leurs faiblesses, je pourrais sans doute me mesurer au Baron. Mais, pour cela, il me faudrait me mesurer à toutes ses créatures qui sont tapies dans les labyrinthes qui se trouvent là, sous nos pieds. Et je n'ai pas l'âme d'un aventurier. Alors je reste ici, tout près de son repaire, protégé par mes saints talismans, et j'aide de mon mieux tous les guerriers courageux qui parviennent jusqu'ici pour défier Ténébron. Le dernier d'entre eux était un noble Lutin. Il s'est engagé dans les cryptes voici deux semaines, et je ne l'ai jamais revu depuis... »

Une bûche craque dans l'âtre, tandis que le père Hosanange se penchant vers vous, le regard intense, vous saisit par l'épaule. « Oserez-vous affronter ce Vampire de malheur ? Je peux vous donner quelque chose qui vous aidera : soit un petit Crucifix, soit une Potion d'Extrême Volonté. Malheureusement, je ne peux vous offrir que l'un ou l'autre de ces objets car leur fabrication est longue, et je dois en conserver un pour le prochain aventurier qui viendra, pour le cas où vous échoueriez. » Pendant quelques instants, il fixe les flammes d'un regard triste. Il vous faut choisir entre le Crucifix et la Potion d'Extrême Volonté (et n'oubliez pas d'inscrire ce que vous aurez choisi sur votre Feuille d'Aventure). Vous vous levez pour prendre congé et le père Hosanange vous tend alors la lanterne qu'il vient de terminer, en vous souhaitant bonne chance dans l'aventure qui vous attend. Vous le remerciez et, sans la moindre hésitation, vous vous engagez dans le passage menant aux labyrinthes. Rendez-vous au **105**.

216

Vous examinez la statuette, et vous estimez sa valeur à au moins 100 Pièces d'Or, ce qui n'est pas sans vous déplaire. Vous êtes particulièrement fasciné par ses yeux de rubis. Cependant, vous prenez conscience d'une étrange léthargie qui envahit votre corps. La chambre s'assombrit, et vous ne voyez plus que le rouge étincelant des yeux du Cobra d'Or. Vous pouvez prendre le parti de boire une Potion d'Extrême Volonté, si vous en possédez (rendez-vous au **207**). Si vous n'avez pas cette potion, ou si vous préférez ne pas vous en servir, rendez-vous au **116**.

217

Vous ouvrez les yeux sans avoir la moindre idée du temps qui s'est écoulé depuis que vous avez perdu connaissance. Heureusement, votre lanterne n'a subi aucun dommage. Vous vous redressez et vous réalisez avec stupéfaction que la drogue contenue dans la fumée vous a fait tomber dans un sommeil profond et réparateur. Ajoutez 2 points à votre total d'ENDURANCE. Vous décidez d'aller examiner la porte qui se trouve à l'extrémité du couloir. Rendez-vous au **210**.

218

Au moment où vous prenez le Cobra d'Or, le Baron Ténébron éclate d'un rire triomphant : « Imbécile ! Tu as scellé toi-même ton destin ! Défends ton maître Vénéfix ! » A ces mots, la statuette s'anime, se tortille entre vos doigts et s'enroule autour de votre poignet. Une fois, deux fois, elle plante ses crocs dans votre bras. La tête vous tourne, vous tombez à genoux, tandis que le venin se répand dans vos veines comme une coulée de plomb en fusion. En sombrant dans les ténèbres, vous entendez une dernière fois résonner le rire de votre adversaire victorieux, le maître des Morts Vivants.

219

De retour dans le couloir, vous poursuivez votre chemin jusqu'à une voûte qui s'ouvre dans le mur de gauche. Devant vous, le couloir se poursuit sur une dizaine de mètres environ, puis débouche dans une grande pièce. Si vous désirez passer sous la voûte, rendez-vous au **276**. Si vous préférez vous diriger vers la pièce située à l'extrémité du couloir, rendez-vous au **210**.

220

Vous vous décidez enfin, et vous cueillez un champignon. Il est rond, et sa tête aplatie est parsemée d'une matière jaune et poudreuse. Vous espériez tout d'abord qu'il contiendrait quelque remède ou reconstituant psychique, mais, en l'examinant de plus près, vous commencez à en douter un peu. Si vous souhaitez malgré tout l'avaler, rendez-vous au **41**. Si vous préférez le jeter et continuer votre route dans la forêt, rendez-vous au **140**.

221

De toutes vos forces, vous abattez votre épée sur le poignet de la créature. Elle se rétracte sous le coup, mais, à votre grande surprise, son poignet reste intact. Rendez-vous au **20**.

222

Au moment où les Archers lâchent leurs flèches, vous vous jetez sur le côté, mais vous n'êtes pas assez rapide, et un trait vous déchire une épaule. Vous perdez 2 points d'ENDURANCE. Si vous êtes toujours vivant, vous vous précipitez sur les Archers avant qu'ils n'aient le temps de réarmer leur arc.

Premier ARCHER	ENDURANCE : 9
Deuxième ARCHER	ENDURANCE : 9

Lancez deux dés. Si vous obtenez :
de 2 à 3 : vous recevez deux blessures et vous perdez 6 points d'ENDURANCE ;
de 4 à 7 : vous recevez une blessure et vous perdez 3 points d'ENDURANCE ;
de 8 à 12 : l'un des Archers (vous choisissez lequel des deux) perd 3 points d'ENDURANCE.

Si vous tuez l'un ou l'autre des Archers, rendez-vous au **257**. Mais vous pouvez prendre la Fuite en revenant sur vos pas, après le premier Assaut. Lancez alors les dés à la manière habituelle et rendez-vous au **157**.

223

Le tunnel se poursuit jusqu'à un portail de bois noir, taché de lichens. Une légère poussée suffit à l'ouvrir, et vous découvrez un petit lac à l'eau verte. L'atmo-

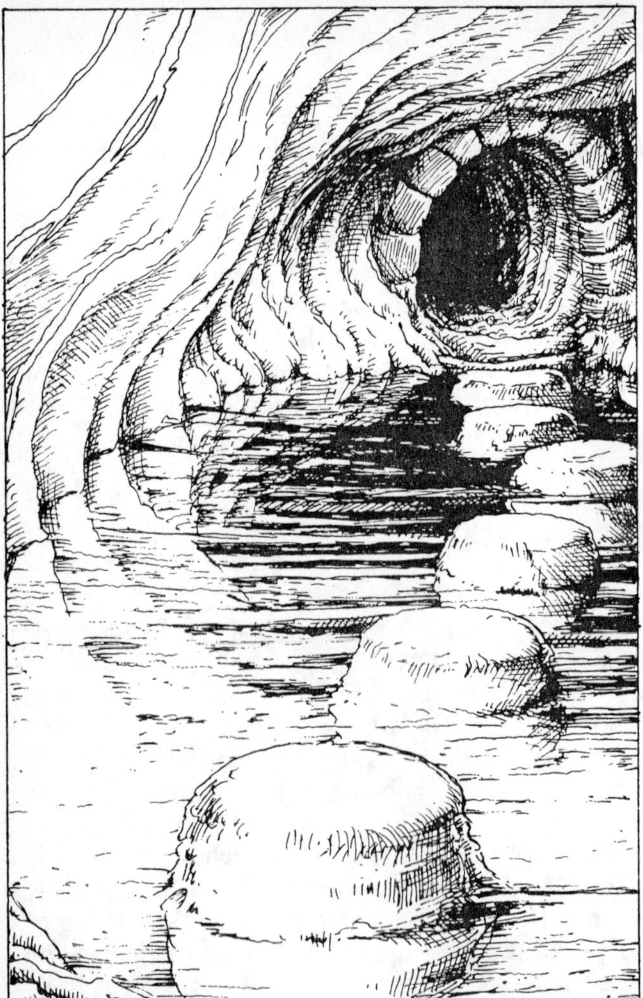

223 *Sous une voûte s'ouvre un tunnel qui s'enfonce loin sous la demeure.*

sphère est humide et écœurante. Les murs, faits de roches grossières, sont parcourus de veines lumineuses qui diffusent une lueur étrange et peu rassurante. De l'autre côté du lac, vous distinguez une voûte sous laquelle s'ouvre un tunnel qui s'enfonce encore plus loin sous la demeure. Le seul moyen d'accéder à cette voûte semble être une succession de grandes pierres plates, à l'aspect visqueux, qui émergent de la surface du lac. Bien que l'eau soit beaucoup trop sombre pour que vous puissiez en voir le fond, vous découvrez vite, en sondant avec le fourreau de votre épée, qu'elle ne vous arriverait même pas à la taille. Allez-vous traverser ce lac en marchant dans l'eau (rendez-vous au **247**), ou préférez-vous essayer de sauter d'une pierre à l'autre (rendez-vous au **196**) ?

224

A peine avez-vous avalé une gorgée du liquide que vous êtes pris de nausées. Vous portez la main à votre front pour essuyer les gouttes de sueur qui perlent, mais, avec horreur, vous découvrez que votre main est couverte de sang ! Des plaques brunâtres apparaissent bientôt sur tout votre corps, et il vous est de plus en plus difficile de respirer. Vos jambes ne peuvent plus vous porter et vous vous écroulez à terre, où vous ne tardez pas à perdre connaissance. En très peu de temps, votre corps se transformera en une boue rougeâtre et nauséabonde sous l'effet de l'effroyable bouillon de culture que vous venez d'avaler.

225

Vous pouvez maintenant rallumer votre lampe. Vous vous trouvez sur une étroite plate-forme d'où descend un escalier de pierre dont les marches sont fissurées et érodées par les siècles. En vous relevant, vous remarquez une petite niche creusée dans le mur. Allez-vous ne pas y prêter attention et descendre l'escalier (rendez-vous au **18**), ou préférez-vous y plonger la main pour voir ce qu'elle peut contenir (rendez-vous au **204**) ?

226

Sans perdre un instant, vous ouvrez le pot et vous en éparpillez le contenu autour de vous. Le Lutin se met aussitôt à éternuer de manière incontrôlable. Son invisibilité ne lui sert plus à grand-chose, car vous arrivez à le repérer au son de ses éternuements presque aussi bien que si vous le voyiez. Cependant, vous avez vous aussi respiré le poivre noir. Et c'est en toussant et en pleurant que vous engagez le combat.

LUTIN ENDURANCE : 12

Lancez deux dés. Si vous obtenez :
de 2 à 6 : vous recevez une blessure, et vous perdez 3 points d'ENDURANCE ;
de 7 à 12 : vous avez porté un coup au Lutin qui perd 3 points d'ENDURANCE.

Si vous menez le combat à son terme et si vous êtes vainqueur, rendez-vous au **19**. Mais vous pouvez prendre la Fuite par le tunnel, après le premier Assaut. Lancez les dés comme à l'habitude, et rendez-vous au **124**.

227

La porte de droite est fermement verrouillée, et vous n'avez pas d'autre solution que de prendre la porte du milieu. Rendez-vous au **182**.

228

Vous brandissez le Crucifix et, en grondant de rage, le redoutable Baron bat en retraite. Vous avancez vers lui l'épée à la main, prêt à le combattre. A tout moment, vous pouvez prendre la Fuite. Pour cela il vous suffira de faire reculer le Vampire en le menaçant de votre Crucifix. Ceci l'empêchera de vous frapper dans le dos, et vous n'aurez donc pas à lancer les dés pour vérifier si vous avez été blessé. Et maintenant, rendez-vous au **8**.

229

Vous enjambez le cadavre du Barbare, et vous fouillez la pièce en faisant l'inventaire de ses affaires. Sa hache de guerre serait trop lourde à manier dans un combat, mais, si vous le souhaitez, vous pouvez tout de même l'emporter. Vous trouvez aussi 10 Pièces d'Or, plusieurs cruches remplies de lait de yak fermenté, un morceau de fromage moisi enveloppé dans un mouchoir, une croûte de pain noir, quelques gousses d'ail, un pot de poivre noir et une épaule de mouton. Il vous est impossible de tout transporter, mais vous pouvez prendre l'Or, et quatre objets, si vous le désirez. Après vous être assuré qu'il ne reste rien d'intéressant à dénicher, vous ouvrez la porte et vous vous engagez prudemment dans le passage sur lequel elle donne. Rendez-vous au **186**.

230

C'est un miracle que vous arriviez à ne pas perdre l'équilibre sur ces pierres lisses et glissantes. Esquivant le dernier et maladroit assaut de l'un des Zombies, vous filez sous la voûte, vers un tunnel sinueux et parsemé de cailloux. Rendez-vous au **180**.

231

Au fur et à mesure qu'il agonise, sa férocité démente se dissipe. Il essaye de vous dire quelque chose. Vous vous penchez vers lui pour recueillir ses dernières paroles : « Le terrible Baron... dort jusqu'au cré... ses yeux... » Sa tête retombe en arrière, son corps devient tout flasque et l'Elfe Dément meurt dans vos bras. Sur son cou, vous remarquez deux petites piqûres, comme s'il avait été mordu par quelque animal. Voilà peut-être ce qui provoquait sa fièvre. Vous tirez son corps à l'abri de la pluie, jusqu'à un arbre. Demain vous pourrez lui donner une sépulture décente. Vous traversez la pelouse avec précaution et vous vous dirigez vers cet inquiétant château. Rendez-vous au **80**.

232

Vous fouillez la pièce dans l'espoir d'y découvrir quelque objet qui pourrait vous être utile. Un examen superficiel de la bibliothèque vous confirme les goûts détestables de Ténébron, mais vous ne trouvez cependant rien d'intéressant. En haussant les épaules vous faites demi-tour, et le spectacle qui s'offre à vous vous fait frémir. Toutes les blessures que vous aviez infligées au monstre se sont cicatrisées et, vous fixant d'un œil goguenard, lentement le Vampire se redresse. Il se tient maintenant debout et la panique s'empare de vous lorsque vous le voyez faire un pas, puis un autre, dans votre direction. Soudain, il se détend comme un fouet et ses griffes acérées déchirent profondément la chair de votre bras qui manie l'épée dans les combats. La douleur vous fait perdre 4 points d'ENDURANCE. Si vous êtes toujours vivant, vous courez vers l'autre porte que vous ouvrez brutalement. Rendez-vous au **199**.

233

Vous vous saisissez du soufflet, vous l'enfoncez en plein cœur du Monstre Fumoïde, et vous aspirez son existence vaporeuse. La Sorcière est tellement suffoquée de voir sa créature si aisément vaincue qu'elle en reste impuissante à vous jeter un nouveau sort. Tandis que vous posez le soufflet gorgé de fumée et que vous vous apprêtez à dégainer votre épée, elle frappe le sol de son bâton et disparaît dans un embrasement de lumière rougeoyante. Le Corbeau vous toise avec toute la haine dont il est capable, pousse un dernier croassement de défi et s'envole par la porte, à la recherche de sa maîtresse. Rendez-vous au **171**.

234

Vous observez les champignons les uns après les autres, sans pouvoir vous décider. Lequel cueillir et manger ? Jetez deux dés : si le chiffre que vous obtenez est égal ou inférieur à votre total de PSI, rendez-vous au **14**. Sinon, rendez-vous au **220**.

235

Possédez-vous l'un de ces objets ?

Une Gousse d'ail ?	Rendez-vous au **143**
Un Chandelier en argent ?	Rendez-vous au **73**
Un Anneau de Moebius ?	Rendez-vous au **256**

Si vous n'en possédez aucun, il va vous falloir compter sur votre épée... Rendez-vous au **280**.

236

Malheureusement, le bois de la porte a joué avec les années, ce qui la rend difficile à ouvrir. Pendant que vous vous démenez en essayant désespérément de la tirer à vous, deux autres flèches vous atteignent ! Vous perdez 4 points d'ENDURANCE. Si vous êtes toujours en vie, vous réussissez finalement à ouvrir la porte, que vous franchissez d'un bond avant de la claquer derrière vous. Rendez-vous au **126**.

237

Au-delà de la porte, un passage mène à une petite chambre qui empeste la bière et la transpiration. Couché sur une paillasse se trouve un homme massif, à la musculature puissante. Il tient une outre à deux mains et se verse du vin dans la bouche. Au fur et à mesure qu'il prend conscience de votre présence, son regard vague noyé d'alcool s'emplit d'éclairs de fureur. Il saisit sans effort son énorme hache de guerre posée non loin de lui, et il bondit sur vous en hurlant un cri de guerre démentiel. Inutile de vouloir discuter avec un Barbare.

BARBARE ENDURANCE : 12

Lancez deux dés. Si vous obtenez :
de 2 à 5 : vous êtes blessé et vous perdez 3 points d'ENDURANCE ;
de 6 à 12 : le Barbare perd 3 points d'ENDURANCE.

Si vous menez le combat à son terme et si vous êtes vainqueur, rendez-vous au **229**. Mais vous pouvez prendre la Fuite, par la porte qui s'ouvre dans le mur d'en face, puis par le passage qui la suit, après le premier Assaut. Lancez les dés à la manière habituelle et rendez-vous au **186**.

237 *Le Barbare bondit sur vous en hurlant un cri de guerre démentiel.*

238

Allez-vous maintenant ouvrir la porte du milieu (rendez-vous au **182**) ou bien celle de droite (rendez-vous au **101**) ?

239

Vous posez la main sur l'épaule du chevalier et vous faites aussitôt un bond en arrière, complètement suffoqué car, sous le poids de votre main, l'armure vide s'affale lentement et s'écrase sur le sol de marbre dans un fracas épouvantable ! La nature envoûtante de la musique jouée par les squelettes a déjà fait passer de vie à trépas au moins un des aventuriers qui ont osé pénétrer dans le château. Et il doit y avoir très longtemps que la mélodie a cessé de charmer le spectateur en armure, car son corps n'est plus que poussière. Vous fouillez les restes de son équipement mais, mis à part 7 Pièces d'Or, vous ne découvrez qu'une gourde dont le contenu doit être depuis longtemps inconsommable. N'oubliez pas d'inscrire ce qu'éventuellement vous emporterez sur votre Feuille d'Aventure. Maintenant, si vous désirez quitter la salle par la porte qui se trouve non loin de la scène, rendez-vous au **287**. Mais si vous préférez examiner ces étranges musiciens de plus près, rendez-vous au **195**.

240

Quelle pierre allez-vous d'abord choisir :

Le Topaze ?	Rendez-vous au **175**
Le Rubis ?	Rendez-vous au **275**
La Hyacinthe ?	Rendez-vous au **205**
L'Émeraude ?	Rendez-vous au **145**
Le Saphir ?	Rendez-vous au **85**

241

...Vous vous retrouvez dans la chambre de la Sorcière, vous efforçant d'attraper les chandeliers qui sont sur la cheminée. Puis... rendez-vous au **87**.

242

Vous suivez le couloir qui passe bientôt sous une sorte d'arcade, avant d'aboutir dans une pièce voûtée au centre de laquelle une armure est dressée sur un socle. Si votre propre épée est endommagée, vous pouvez la remplacer par celle que tient l'armure dans son gantelet de fer (rendez-vous au **76**). Mais vous pouvez aussi traverser la pièce sans vous arrê-

242 *Dans une pièce voûtée, une armure est dressée sur un socle.*

ter, et la quitter par la porte opposée (rendez-vous au **120**).

243

Vous passez la Tour autour de votre cou. C'est une puissante amulette magique qui augmente votre force physique. Ajoutez 3 points à votre total de départ d'ENDURANCE qui devient votre total actuel. Vous quittez le vieillard et, en revenant sur vos pas, vous atteignez le croisement, et vous décidez de vous engager dans le couloir de droite. Rendez-vous au **242**.

244

La fumée vous fait tousser et vous laisse un goût âcre dans la bouche. Allez-vous examiner l'autel de plus près (rendez-vous au **7**) ou bien préférez-vous quitter cette chapelle en vous dirigeant vers l'extrémité du couloir (rendez-vous au **35**) ?

245

La lune perce un instant les nuages déchiquetés et fait scintiller votre Crucifix d'argent. Poussant un cri d'angoisse, la créature recule et se fond dans l'obscurité. Malgré votre frayeur, vous ne pensez qu'à accomplir la mission que vous vous êtes assignée : débarrasser le château et ses cryptes de tous les monstres qui les hantent. Vous vous précipitez en brandissant votre épée, mais vous ne pourfendez que le vide. La mystérieuse silhouette a disparu. Seule, une énorme chauve-souris s'envole en tournoyant entre les arbres, puis disparaît. Vous êtes seul. Comprenant qu'il vaut mieux retourner dans les labyrinthes du château pour y affronter les dangers qui vous attendent, plutôt que d'errer dans les bois comme une âme perdue, vous revenez à la cheminée dans laquelle vous vous introduisez. Rendez-vous au **181**.

246

En tenant bien haut la lampe à huile pour vous éclairer, vous avancez le long du couloir. Vous n'avez parcouru que quelques mètres, lorsque le couloir bifurque sèchement vers la droite. Soudain, deux Archers vêtus de noir surgissent du tournant. Le rictus qui déforme leurs faciès décharnés ne laisse aucun doute sur leurs intentions, et vous leur jetez la lanterne à la figure avant qu'ils n'aient eu le temps de bander leur arc. De l'huile brûlante coule dans leurs bottes et, en hurlant de douleur, ils lâchent leurs arcs pour essayer d'éteindre les flammes. Ils sont vraiment très occupés, et vous en profitez pour courir dans le couloir, ne vous arrêtant qu'un instant pour rallumer votre première lanterne. Rendez-vous au **285**.

247

Vous vous attendiez à ce que l'eau du lac soit plutôt froide, et sa douce température vous surprend. Vous avez déjà de l'eau jusqu'aux genoux, et vous avancez doucement, sondant avec le fourreau de votre épée pour éviter de tomber dans les trous qui peuvent en parsemer le fond. Tout à coup, vous vous figez : votre fourreau a buté sur un obstacle, invisible dans les sombres remous. Ce n'est pas assez dûr pour être un rocher. Vous contournez très lentement le mystérieux objet, et vous le sentez alors se rétracter et échapper aux tâtonnements de votre fourreau. Dans la seconde qui suit, la panique vous submerge et vous revenez en courant vers le bord, en soulevant des gerbes d'eau, persuadé qu'une créature épouvantable vous guette, tapie sous les eaux noires. Soudain, des mains crèvent la surface de l'eau, et vous hurlez. Comme des mollusques froids, elles vous agrippent, et vous attirent irrésistiblement vers le fond. Vos yeux se figent de terreur : plus gros que nature, sous l'eau, des visages blafards et putrescents vous encerclent, terrifiants dans la pâle lumière verte. Ce sont les cadavres ressuscités des héros infortunés qui se sont noyés là, au cours des années. Votre résistance est acharnée mais vaine car ils sont trop nombreux. Votre peau se rétracte, se rétrécit d'horreur : l'un après l'autre ils vous agrippent de leurs mains gluantes et pourries. Ils vous maintiennent au fond du lac, et vos poumons se gorgent d'eau. Dans un dernier éclair de lucidité, vous comprenez, et votre cerveau se glace : ce lac maudit exercera bientôt son sortilège sur votre cadavre, et vous aussi vous reviendrez de la mort pour entrer dans le cauchemar éternel d'une existence de Zombie décervelé !

248

Priant le ciel pour que le parchemin vous révèle quelque formule qui vous sauverait la vie, vous le déroulez en toute hâte. Il n'y a qu'un seul mot écrit, d'une calligraphie ronde et déliée : « Nesool ». Au bord de l'inconscience, vous le prononcez à voix haute sans même vous en rendre compte et, dans la seconde qui suit, la corde relâche son étreinte et retombe. « Nesool ». C'était là le seul mot magique qui pouvait neutraliser la corde ! Vous aspirez avec avidité quelques bouffées d'oxygène, tout en massant votre cou enflé et endolori. Si vous désirez maintenant boire le liquide contenu dans la fiole, rendez-vous au **179**. Mais si ce rendez-vous manqué de peu avec la mort vous incite à une certaine prudence, peut-être est-ce là le genre de risque que vous préférez ne pas courir. Vous pouvez alors franchir la porte en chêne qui se trouve devant vous (rendez-vous au **255**), ou vous diriger vers la petite porte située sur votre droite (rendez-vous au **38**).

249

Vous portez la Flûte à vos lèvres, et vous commencez à jouer quelques notes. Mais si vous entreteniez l'espoir que la Flûte puisse avoir un quelconque pouvoir contre l'invisibilité du Lutin, vous êtes vite cruellement déçu. Un coup violent porté par votre ennemi invisible vous arrache la Flûte des mains et vous blesse gravement. Vous perdez 3 points d'ENDURANCE et, si vous êtes toujours en vie, vous ne pouvez éviter le combat.

LUTIN ENDURANCE : 12

Lancez deux dés. Si vous obtenez :
de 2 à 7 : vous recevez une nouvelle blessure et vous perdez 3 points d'ENDURANCE ;
de 8 à 12 : votre coup atteint le Lutin invisible qui perd 3 points d'ENDURANCE.

Si vous menez le combat à son terme et si vous êtes vainqueur, rendez-vous au **46**. Mais si vous tentez de Fuir le combat après le premier Assaut, vous ne devez pas lancer les dés comme à l'habitude, mais vous rendre immédiatement au **213**.

250

Vous tombez pendant si longtemps dans un brouillard de lumière bleue que vous perdez peu à peu connaissance, tant et si bien que lorsque votre chute cesse, vous ne vous en rendez pas compte immédiatement. Enfin, vous finissez par ouvrir les yeux : vous êtes couvert de boue et trempé jusqu'aux os par une pluie glaciale. Dans la lumière crépusculaire, vous distinguez un mur de pierre battu par les intempéries, dans lequel s'ouvre une grille en fer forgé aux motifs étrangement entrelacés. Le Saphir vous a précipité de plusieurs heures dans le passé, et vous a déposé derrière la grille qui barre l'entrée du domaine maudit ! Vous vous mettez debout. Maintenant que vous avez eu connaissance de l'avenir, vous pouvez repartir dans votre quête avec plus de sérénité. Et, le cœur plein d'un nouveau courage, vous vous engagez de nouveau sur le chemin qui mène au Château. Rendez-vous au **190**.

251

La pièce dans laquelle vous pénétrez est grande et haute de plafond. On dirait une ancienne salle à manger mais, apparemment, aucun repas n'y a été servi depuis longtemps : la massive table de chêne est recouverte d'une épaisse couche de poussière, et des toiles d'araignées enserrent les gobelets à vin. A droite et à gauche d'une majestueuse cheminée, deux volées de marches en pierre conduisent chacune à une porte. Entre les deux escaliers, au-dessus de la cheminée, est suspendu un grand tableau représentant un homme armé d'un arc long, debout sur une butte de tir. A l'arrière-plan, vous distinguez une forêt. Vous vous apprêtez à traverser cette salle lorsque vous sentez un imperceptible mouvement qui vous fait tressaillir. Et, avec stupéfaction, vous voyez le personnage du tableau bander son arc et vous décocher une flèche. La flèche qui vous

251 *Avec stupéfaction, vous voyez le personnage du tableau bander son arc*

transperce l'épaule est tout à fait réelle, et vous n'avez pas le temps de vous interroger sur ce mystère car l'homme est déjà en train de tirer une autre flèche de son carquois ! La blessure que vous venez de recevoir vous fait perdre 3 points d'ENDURANCE. Si vous êtes toujours en vie, vous arrachez le trait de votre épaule et, sans perdre une seconde, vous décidez de ce que vous devez faire. Allez-vous :

Plonger sous la table ?	Rendez-vous au **253**
Attaquer le tableau à coups d'épée ?	Rendez-vous au **142**
Lancer votre lanterne vers le tableau ?	Rendez-vous au **197**
Attraper un gobelet de vin et jeter ce qu'il peut contenir sur le tableau ?	Rendez-vous au **131**

252

Vous parvenez à l'étage sans encombre et, grâce à votre lanterne, vous êtes en mesure d'explorer soigneusement les pièces que vous y découvrez. Elles sont toutes poussiéreuses, et vous semblent inoccupées depuis des années. Il y a de nombreuses chambres à coucher ; si la poussière ne vous gêne pas trop, et si vous le désirez, vous pouvez vous allonger sur un des lits pour vous reposer un peu (rendez-vous au **10**). Mais vous pouvez également redescendre dans le hall pour vous engager dans le passage (rendez-vous au **36**).

253

Vous plongez derrière la table en chêne, tandis qu'une deuxième flèche passe en sifflant au-dessus de votre tête. Elle vous manque de très peu. Vous restez là, accroupi, à écouter les vibrations des traits qui se plantent dans la table. Comment traverser cette salle sans dommage ? Vous pouvez bondir de derrière la table et escalader les marches vers la porte de gauche (rendez-vous au **34**) ou vers celle de droite (rendez-vous au **237**). Autrement, vous pouvez saisir un gobelet de vin sur la table et le lancer sur le tableau (rendez-vous au **131**).

254

Rien n'est salé, ce qui rend le repas plutôt fade. Mais il est au moins nourrissant ! Ajoutez 3 points à votre total d'ENDURANCE et rendez-vous au **156**.

255

Vous poussez la porte, et vous vous retrouvez dans une pièce dont les murs en pierre de taille portent les traces d'anciennes peintures à moitié effacées par le temps. Au centre du mur qui vous fait face, à environ un mètre du sol, s'ouvre un trou qui semble être l'entrée d'un étroit boyau. Ne découvrant aucune autre issue, vous décidez d'inspecter ce boyau. En traversant la pièce, vous entendez craquer les lattes du plancher. Cela vous surprend car elles semblent avoir été taillées dans du chêne massif. Vous vous figez, craignant un piège. Les craquements continuent alors que vous ne bougez plus ! En écoutant attentivement, vous distinguez, noyé dans les craquements du bois, un faible bruit de grattement... Il y a quelque chose qui bouge, là, sous vos pieds ! Si vous désirez quitter en toute hâte ce lieu en vous introduisant dans le boyau, rendez-vous au **4**. Mais si vous préférez rester dans cette pièce, allez-vous essayer d'arracher le plancher pour voir ce qu'il recouvre (rendez-vous au **58**) ou bien allez-vous simplement attendre pour voir ce qui va se passer (rendez-vous au **31**) ?

256

L'Anneau magique est votre seul espoir d'échapper au Spectre diabolique. Une resplendissante lumière dorée tourbillonne autour de vous. Vous vous sentez soulevé par une force inconnue et vos perceptions se brouillent comme si vous traversiez un kaléidoscope. Soudain... Rendez-vous au **146**.

257

L'un des Archers s'écroule, mais l'autre continue à se battre avec acharnement.

Lancez deux dés. Si vous obtenez :
de 2 à 4 : vous êtes blessé et vous perdez 3 points d'ENDURANCE ;
de 5 à 12 : l'Archer perd 3 points d'ENDURANCE.

Si vous tuez le deuxième Archer, rendez-vous au **136**. Mais vous pouvez prendre la Fuite en rebroussant chemin. Lancez alors les dés comme à l'habitude et rendez-vous au **157**.

258

Tout doucement, vous soulevez le suaire du Paladin, vous attendant plus ou moins que ses yeux s'éclairent, et que son cadavre se dresse pour vous punir de cette profanation. Mais il reste totalement immobile. Votre soupir de soulagement résonne dans le tombeau silencieux. Même soigneusement plié, le suaire est trop volumineux pour tenir dans votre Sac à Dos, et vous décidez de vous en couvrir les épaules comme d'une cape. Vous vous penchez, pour continuer à fouiller le sarcophage, mais votre bras vous paraît tout à coup bizarrement court et, avec horreur, vous vous rendez compte que vous êtes en train de vous enfoncer lentement dans le sol ! Vous ne pouvez qu'écarquiller les yeux de terreur, tandis que le sol vous avale comme des sables mouvants. Le sol de pierre, ou votre propre corps ... l'un des deux a été dématérialisé. Vous êtes maintenant enfoncé jusqu'aux genoux dans la pierre froide, tétanisé par la peur. Et puis vous reprenez quelque peu vos esprits. Vous réfléchissez à la vitesse d'un cyclone pour essayer de trouver une solution. Votre vie est en jeu. Allez-vous :

Enlever le suaire ?	Rendez-vous au **187**
Revenir en courant vers le tunnel ?	Rendez-vous au **138**
Rester où vous êtes ?	Rendez-vous au **150**

259

Elle est fermée à clé. Avez-vous une clé en cuivre ? Si oui, rendez-vous au **200**. Si vous n'avez pas de clé en cuivre, il va falloir vous diriger vers une autre porte : celle de droite (rendez-vous au **173**) ou celle du milieu (rendez-vous au **182**).

260

Elle est fermée à clé. Si vous avez une clé en cuivre, rendez-vous au **200**. Si vous ne possédez pas cet objet, vous n'avez plus le choix : il vous faut emprunter la porte du milieu. Rendez-vous au **182**.

261

Un mécanisme à ressort vient de se déclencher, et propulse une aiguille vers votre bras. Mais elle se brise sur votre bracelet métallique, sans vous atteindre. Vous retirez rapidement votre bras de la cavité. A voir la manière dont le bracelet se décolore à l'endroit de l'impact, vous en concluez que l'aiguille était imprégnée d'un poison violent. Vous desserrez alors les doigts : l'objet que vous avez extrait du trou est une petite clé en cuivre. Vous la glissez dans votre bourse (n'oubliez pas de l'inscrire sur votre Feuille d'Aventure), et vous continuez à descendre les marches. Rendez-vous au **18**.

262

Lancez un dé. Si vous faites 1, 2 ou 3, rendez-vous au **174**. Si vous faites 4, 5 ou 6, rendez-vous au **194**.

263

La porte s'ouvre, et vous pénétrez dans une pièce, où vous découvrez un piédestal rutilant, taillé dans de la pierre de lune. Sur ce piédestal repose une statuette en or représentant un Cobra lové, dont les yeux sont deux rubis étincelants. Allez-vous vous approcher du serpent pour l'examiner de plus près (rendez-vous dans ce cas au **216**), ou refermer cette

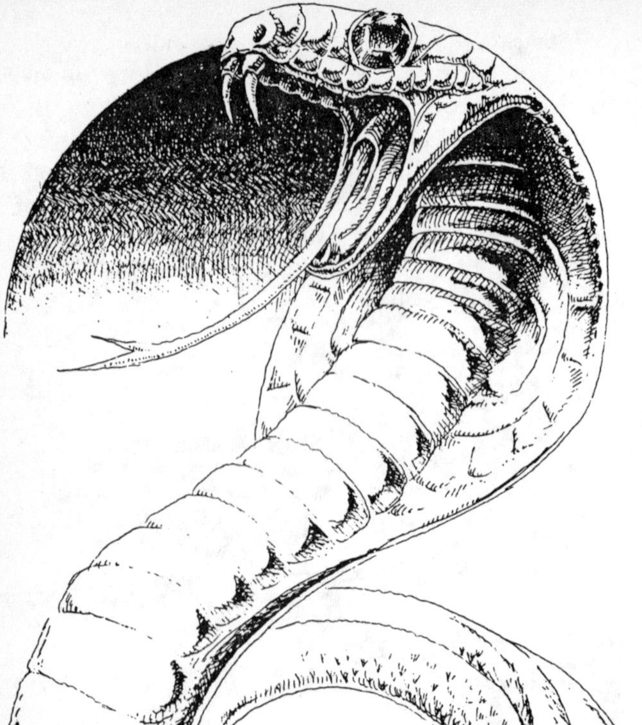

263 *Une statuette représente un Cobra lové, dont les yeux sont deux rubis étincelants.*

porte et essayer la porte à poignée de cuivre (rendez-vous au **132**) ?

264

La porte s'ouvre sur une espèce d'entrepôt, dans lequel s'entasse le plus invraisemblable bric-à-brac. On y respire plus de poussière que d'air. Vous repérez une porte de l'autre côté de la pièce, et vous commencez à enjamber le capharnaüm dans sa direction, lorsque votre regard est attiré par un vieux rouet. Souhaitez-vous l'examiner de plus près (rendez-vous au **5**) ou bien préférez-vous continuer votre difficile progression (rendez-vous au **32**) ?

265

Vous faites tourner le rouet dans le sens que vous avez choisi. Rendez-vous au **241**.

266

L'épée avec laquelle vous venez de combattre est la légendaire Brulmor. Issue des sortilèges les plus puissants, elle vient de mettre un terme à l'existence du monstrueux Baron Ténébron. Rendez-vous au **290**.

267

Une gerbe de flammes jaillit de la gueule rougeoyante du Molosse des Ténèbres et vous enveloppe. Possédez-vous un Topaze ? Si oui, vous ne ressentez rien car cette pierre rend invulnérable au feu, et vous reprenez le combat. Mais si vous n'avez pas trouvé de topaze en explorant les cryptes, vous êtes cruellement brûlé et vous perdez 5 points d'ENDURANCE. Si vous êtes toujours en vie, il vous faut continuer à combattre.

Lancez deux dés. Si vous obtenez :
de 2 à 4 : le Molosse crache à nouveau des flammes, et vous perdez 5 autres points d'ENDURANCE si vous ne possédez pas le Topaze ;
5 ou 6 : le Molosse vous mord et vous perdez 3 points d'ENDURANCE ;
de 7 à 12 : vous infligez une blessure à la créature qui perd 3 points d'ENDURANCE.

Si vous décidez de mener le combat à son terme et si vous êtes vainqueur, rendez-vous au **167**. Au bout de 3 Assauts, vous vous serez suffisamment rapproché de l'entrée du passage pour envisager de prendre la Fuite. Dans ce cas, inutile de lancer les dés, car la chaîne trop courte de la créature l'empêche de vous atteindre. Rendez-vous alors au **283**.

268

La Sorcière ricane : « Petit vermisseau indigne ! Voilà une décision qu'il fallait prendre quand il en était encore temps ! » Le monstre se rapproche, et vous n'avez plus le choix. Il faut vous battre. Rendez-vous au **65**.

269

Le cercle des Loups se referme peu à peu sur vous. Mais, sans manifester la moindre crainte, vous brandissez l'Anneau, libérant son pouvoir magique. Aussitôt, vous êtes pris dans un tourbillon de lumière dorée qui absorbe couleurs, bruits, et la forêt elle-même. Rendez-vous au **202**.

270

Grâce à ses pouvoirs surnaturels, le Spectre essaie de vous ôter toute conscience. Par un immense effort de volonté, vous parvenez à résister à cette sinistre magie. Vous vous arrachez à son pouvoir, et vous plongez dans le trou qui s'ouvre dans le mur. A quatre pattes, et du plus vite que vous le pouvez, vous vous enfoncez dans l'étroit boyau où vous vous retrouvez enfin en sécurité. Rendez-vous au **4**.

271

Votre sixième sens vous avertit en un éclair. D'instinct, vous vous jetez à terre, et deux flèches mortelles vous survolent et se plantent si violemment dans la porte que leurs pointes acérées disparaissent complètement dans le bois. Il est heureux que vous n'ayez pas laissé la lampe à huile où elle était : si vous ne l'aviez pas emportée, sa lumière aurait fait de vous une cible facile pour le tireur embusqué. Vous éteignez rapidement la mèche et, dans l'obscurité, vous entendez quelqu'un marmonner des jurons et des blasphèmes : vos invisibles assaillants enragent de ne plus vous voir. A quatre pattes, et en silence, vous vous précipitez jusqu'au bout du passage, et vous vous glissez furtivement par la porte. Rendez-vous au **225**.

272

Vos pieds glissent, vos jambes se dérobent, vous tombez et vous vous fracassez le crâne contre l'une des pierres. Sans se presser maintenant, les Zombies s'approchent de vous. Mais vous êtes déjà mort lorsque leurs bras putréfiés vous entraînent au fond des eaux noires. Est-il utile de vous dire que votre aventure se termine ici ?

273

Une pointe métallique et acérée, actionnée par un mécanisme caché dans un recoin du trou, se plante violemment dans votre poignet. Vous lâchez l'objet que vous aviez saisi, et ressortez le bras en poussant un cri angoissé. La chair autour de la blessure est déjà toute boursouflée, et a pris une couleur verdâtre. La pointe en était empoisonnée, et vous ne pouvez rien faire, car vous sentez déjà vos muscles se raidir, au fur et à mesure que le poison se répand dans votre corps. Plus rien ne peut vous sauver. Votre aventure se termine ici.

274

Jusqu'à son dernier soupir, le Lutin essaie de se venger en utilisant ses sinistres sortilèges. Pendant un moment, la malédiction semble vous envelopper comme un linceul, mais vous vous concentrez de toute l'énergie dont vous êtes capable, et vous parvenez à la repousser. Le Lutin voit que vous résistez, et une lueur de désillusion assombrit son regard. Vaincu, il baisse les yeux et s'écroule à terre, désarticulé, sans vie. Vous essuyez la lame de votre épée, gluante de son sang vert, et vous vous engagez dans le tunnel. Rendez-vous au **124**.

275

A peine avez-vous touché le rubis qu'un frisson douloureux vous parcourt tout le corps. Vous perdez 2 points de PSI. Ébranlé, vous lâchez le rubis et vous vous écartez précipitamment de la table. Allez-vous maintenant quitter la pièce (rendez-vous au **264**) ou bien allez-vous vous risquer à prendre une autre pierre : le topaze (rendez-vous au **175**), la hyacinthe (rendez-vous au **205**), l'émeraude (rendez-vous au **145**), ou le saphir (rendez-vous au **85**) ?

276

Vous passez sous la voûte et vous pénétrez dans une espèce de chapelle diabolique. Elle est tapissée de

276 *Sur l'autel, sont posés un calice en étain et deux bougies allumées.*

tentures de velours noir, décorées d'étranges motifs runiques. Sur l'autel sont posés un calice en étain rempli d'un liquide de couleur rouge sombre et deux bougies noires allumées. Si vous souhaitez boire le contenu du calice, rendez-vous au **57**. Autrement, vous pouvez soit examiner l'autel (rendez-vous au **54**), soit souffler les deux bougies (rendez-vous au **97**). Si vous le préférez, vous pouvez aussi quitter cet endroit maudit et continuer rapidement votre chemin vers l'extrémité du couloir (rendez-vous au **210**).

277

A peine avez-vous fait quelques pas le long du mur que vous découvrez un enchevêtrement de lianes et de plantes grimpantes qui vous permettent de l'escalader facilement. Avec la plus grande prudence, vous observez attentivement le jardin, avant de vous décider à y sauter. Rendez-vous au **190**.

278

Vous fouillez la chambre à fond, espérant y découvrir un trésor caché ou quelque objet magique dissimulé par la Sorcière, mais vous ne trouvez rien. Un peu essoufflé par la vigueur de vos recherches, vous vous arrêtez un instant au milieu des draps déchirés, des papiers éparpillés, des étagères renversées, et vous réfléchissez, un peu agacé par l'inutilité de vos investigations. Puis l'idée vous vient d'inspecter la cheminée. Vous noyez le feu avec l'eau de la cruche qui se trouvait sur le bureau, et vous vous servez du tisonnier pour écarter les braises de l'âtre. Passant la tête, vous jetez un regard vers le haut du conduit. Vous sentez un courant d'air qui vous rafraîchit le visage et vous avez l'impression de voir scintiller des étoiles très loin au-dessus de vous. Allez-vous essayer d'escalader le conduit de la cheminée (rendez-vous au **192**), ou bien allez-vous décider qu'il est grand temps de quitter ce lieu et de poursuivre l'exploration du labyrinthe (rendez-vous au **219**) ?

279

Vous avalez la potion magique d'un trait et, après vous être débarrassé de la fiole qui la contenait, vous poussez la porte. Vous êtes maintenant au sommet d'un large escalier qui donne dans une salle majestueuse, dallée d'un marbre gris et brillant. Au fond de la salle, sur une scène éclairée par des cristaux bleus, vous découvrez les musiciens : un quatuor de squelettes dont les habits de velours tombent en lambeaux. Ils jouent une mélodie étrange et fascinante à la fois, qui commence à vous envoûter : le désir de vous approcher de la scène et des squelettes musiciens vous dévore. Leur musique est hypnotique ! Mais la potion que vous venez de boire a affermi votre détermination, et c'est à grands pas décidés et résolus que vous traversez la salle, en direction d'une porte qui s'ouvre près de la scène. Après l'avoir franchie, puis refermée, vous êtes parcouru d'un violent frisson : il s'en est fallu d'un rien pour que vous n'ayez été envoûté pour l'éternité par la lugubre musique. Rendez-vous au **33**.

280

Quelle épée avez-vous en main ? Si c'est une épée de métal bleu, rendez-vous au **208**. Sinon, rendez-vous au **162**.

281

En vous approchant de la porte, vous avez la désagréable impression que quelqu'un vous observe

Lancez deux dés. Si le chiffre que vous obtenez est égal ou inférieur à votre total de PSI, rendez-vous au **271**. Sinon, rendez-vous au **71**.

282

Nombreux sont ceux qui considéreraient de mauvais augure, déshonorant, voire blasphématoire de s'approprier l'arme d'un mort. Mais l'âme de Ganelon, quel que soit l'univers où elle repose, sait bien que vous avez simplement besoin de son épée. Elle est moins encombrante que vous ne l'auriez cru, mais comme elle a été forgée dans des temps anciens — où l'art de l'escrime était différent de celui auquel vous êtes habitué — vous devrez désormais diminuer de 1 point les résultats que vous obtiendrez en lançant les dés, quand vous combattrez avec l'épée de Ganelon. Vous pouvez à présent prendre le suaire sur le corps du Paladin (rendez-vous au **258**) ou retourner au tunnel et poursuivre votre chemin (rendez-vous au **223**).

283

Le passage est sinueux et éclairé à intervalles réguliers par des flambeaux plantés dans des appliques en étain. La lumière qu'ils diffusent rougeoie faiblement. Au bout du passage, vous atteignez une massive porte de bois, armée de lourdes ferrures. Votre épée bien en main, vous poussez la porte et elle s'ouvre sans difficulté. Vous vous trouvez sur le seuil d'un salon d'une grande élégance, dont les boiseries en acajou sont couvertes de tapisseries anciennes. Face à la porte que vous venez de franchir, vous remarquez un homme vêtu d'une veste de soirée en velours, qui est assis dans un fauteuil en cuir. Il pose le livre qu'il était en train de lire, se lève et s'adresse à vous. D'une voix imposante, il vous invite à vous approcher et à vous asseoir auprès de lui. Allez-vous :

Faire ce qu'il vous demande ?	Rendez-vous au **133**
Bondir sur lui ?	Rendez-vous au **184**
Chercher dans votre Sac un objet qui pourrait vous être utile ?	Rendez-vous au **91**

284

Ce liquide est un reconstituant universel. Vous pouvez ramener le total de vos points de PSI et d'HABILETÉ à leur niveau initial, si besoin est. Allez-vous maintenant goûter à la potion bleue (rendez-vous au **158**), à la potion rouge (rendez-vous au **224**) ou préférez-vous quitter la pièce (rendez-vous au **238**) ?

285

Alors que vous progressez dans le couloir en jetant des regards prudents tout autour de vous, vous ne remarquez pas un mince fil tendu dans sa largeur, à hauteur de vos chevilles. Sans y prendre garde, vous le brisez. Aussitôt, un grondement sourd se fait entendre, et une partie du plafond commence à s'effondrer. Jetez deux dés. Si le chiffre que vous obtenez est égal ou inférieur à votre total d'HABILETÉ, vous n'êtes atteint que par quelques pierres, et vous perdez 3 points d'ENDURANCE. Si vous êtes toujours en vie, vous vous précipitez plus avant dans le couloir pour vous mettre à l'abri. Rendez-vous au **189**. Si le chiffre que vous avez obtenu en lançant les dés est supérieur à votre total d'HABILETÉ, le fil vous a fait trébucher et, avant que vous n'ayez pu vous relever, le plafond s'écroule sur vous dans un fracas de tonnerre. Et vous perdez la vie, écrasé sous un monceau de gravats.

286

... Vous vous retrouvez en train de courir le long d'un passage étroit et sinueux. Vous entendez les grognements de rage du monstre qui vous poursuit et vous sentez son haleine de charognard. Devant vous, vous apercevez une pièce éclairée par une bougie, et dans laquelle se trouve un cercueil. Vous courez encore plus vite et... Rendez-vous au **161**.

287

Vous quittez la salle de musique, et vous refermez les portes derrière vous. Elles sont capitonnées d'un épais cuir rouge qui doit absorber tous les bruits, aussi vous enlevez les bouchons de fromage de vos oreilles. En effet, la musique n'est plus que très faiblement audible. Rendez-vous au **33**.

288

Le Lutin, ivre de haine, brûle de se venger de votre attaque perfide. Agonisant, il vous maudit : « Où je vais, tu me suivras bientôt », éructe-t-il dans un râle. Il pointe un doigt noueux et déformé dans votre direction, dessinant dans l'air des signes cabalistiques. « Dorénavant, tous les combats que tu livreras seront des combats à mort ! » Alors que maintenant il agonise, vous comprenez que le sortilège diabolique qu'il vous a lancé prend déjà effet. Désormais, jusqu'à ce que ce sortilège soit conjuré, vous ne pourrez plus choisir de Fuir un combat. Furieux d'avoir été la victime malheureuse de la malédiction d'un mourant, vous arrachez le rideau de l'alcôve, et vous vous engouffrez dans le tunnel. Rendez-vous au **124**.

289

Vous traversez la pièce à pas de loup. La Sorcière ricanante et son sombre compagnon ne s'aperçoivent pas de votre présence. Vous vous approchez sur la pointe des pieds : ils ne vous sentent toujours pas approcher. Vous attendez que la Sorcière se penche sur son chaudron pour ajouter quelque assaisonnement à son infâme brouage, et vous lui administrez une formidable poussée. Elle plonge la tête la première dans l'infect bouillon, entraînant avec elle son fidèle Corbeau. Vous n'en entendrez plus jamais parler. La façon dont la mixture grésille après l'adjonction de ces deux nouveaux ingrédients vous indique que la Sorcière était en train de concocter un puissant acide. Sans doute pour son dessert ! Un éclair lumineux à vos pieds attire votre regard sur un petit objet qu'elle a dû laisser tomber sous la violence de votre attaque. Vous le ramassez. C'est une Clé en argent que vous glissez dans votre bourse. En inspectant la chambre, vous découvrez trois fioles — peut-être des potions que la Sorcière avait préparées, mais qu'elle a négligé d'étiqueter. A part cela, il n'y a rien d'autre d'intéressant. Si vous souhaitez quitter la pièce, rendez-vous au **238**. Si vous désirez tenter votre chance et boire le contenu de l'une des fioles, rendez-vous au **209**.

290

En fouillant la tanière du Vampire, vous découvrez un coffre contenant son trésor, et bientôt votre Sac à Dos se retrouve rempli de pierres et de bijoux valant plusieurs milliers de Pièces d'Or. Vous dénichez un panneau secret dans le mur. Vous le faites glisser et vous vous retrouvez au bas d'un escalier. En tirant votre fortune toute fraîche derrière vous, vous montez les marches et, finalement, vous débouchez à l'air libre. La fraîcheur matinale vous fait du bien. Vous inspectez les environs en bâillant et vous reconnaissez tout de suite l'orée du Bois du Regret. Une douce campagne vallonnée s'étend devant vous. La rosée scintille dans les rayons du soleil levant. Les oiseaux chantent en s'ébrouant sur les branches, et les paysans sont déjà aux champs, courbés sur leur labeur. Au loin, les tours d'une grande ville percent la légère brume matinale. L'endroit rêvé pour un riche aventurier, désireux de s'accorder quelques jours de repos ! Vous balancez le sac plein à craquer sur votre épaule, et vous descendez tranquillement la colline en sifflotant.

Connaissez-vous toutes les séries des LIVRES DONT VOUS ÊTES LE HÉROS ?

SÉRIE DÉFIS FANTASTIQUES
Steve Jackson et Ian Livingstone

La toute première série des « Livres dont Vous êtes le Héros », inspirée de l'univers du célèbre Seigneur des Anneaux, de J.R.R. Tolkien (publié dans la collection Folio Junior).

Le Sorcier de la Montagne de Feu
La Citadelle du Chaos
La Forêt de la Malédiction
La Cité des Voleurs
Le Labyrinthe de la Mort
La Sorcière des Neiges
Le Manoir de l'Enfer
Le Talisman de la Mort
Le Mercenaire de l'Espace
Défis Sanglants sur l'Océan
La Planète Rebelle
L'Épreuve des Champions
La Créature venue du Chaos
La Forteresse du Cauchemar
Les Rôdeurs de la Nuit
Le Justicier de l'Univers
Le Voleur d'Ames
Le Vampire du Château Noir
Les Sombres Cohortes
Le Volcan de Zamara
Le Sceptre Noir
L'Ancienne Prophétie
Le Repaire des Morts Vivants
La Légende des Guerriers Fantômes

La Tour de la Destruction
L'Arpenteur de la Lune
Les Mercenaires du Levant
Les Mondes de l'Aleph
Le Siège de Sardath
Retour à la Montagne de Feu
Les Mages de Solani
La Légende de Zagor
Le Sépulcre des Ombres
Le Voleur de Vie
Les Chevaliers du Destin
Le Chasseur de Mages
La Revanche du Vampire

SÉRIE SORCELLERIE !
Steve Jackson

Quatre redoutables missions vous attendent pour conquérir la Couronne des Rois. Afin de sortir vainqueur des périls que vous aurez à affronter, il vous faudra vous servir du Livre des Formules Magiques figurant à la fin de chaque volume...

Les Collines Maléfiques
La Cité des Pièges
Les Sept Serpents
La Couronne des Rois

Série Loup Solitaire
Joe Dever

Des aventures au cours desquelles vous progresserez dans la sagesse Kaï, en combattant les Drakkarims dont les hordes menacent sans cesse le Dessi.

Les Maîtres des Ténèbres
La Traversée Infernale
Les Grottes de Kalte
Le Gouffre Maudit
Le Tyran du Désert
La Pierre de la Sagesse
La Forteresse Maudite
Dans l'Enfer de la Jungle
La Métropole de la Peur
Dans les Entrailles de Torgar
Les Prisonniers du Temps
Le Crépuscule des Maîtres
Les Druides de Cener
Le Captif du Roi-Sorcier
La Croisade du Désespoir
L'Héritage de Vashna
La Tour de Cristal
La Porte d'Ombre
Le Combat des Loups
La Malédiction de Naar
Le Voyage de la Pierre de Lune
Les Pirates de Shadaki
La Guerre des Runes
Le Héros de Mynuit
Sur la Piste du Loup
Le Démon des Profondeurs
La Griffe du Vampire
La Cité de l'Empereur

Série Loup*Ardent
J. H. Brennan

Vous êtes Loup*Ardent, un barbare ambitieux et coléreux, arrogant et sûr de lui. Chassé de votre village pour avoir séduit Aléna, la fille du chef, vous êtes condamné à l'exil. Quelles sont vos chances de survie là où la sorcellerie a droit de cité, dans un monde convoité par les Maîtres du Mal ? L'avenir du royaume du Harn est entre vos mains.

La Horde des Démons
Les Cryptes de la Terreur
L'Ultime Combat de la Horde
Les Maîtres du Mal

Série Astre d'Or
Ian Page et Joe Dever

Vous êtes Astre d'Or, sorcier Majdar initié à la Haute Sorcellerie. Aujourd'hui les Majdars vivent cachés dans l'Ile de la Désolation, et c'est sur vous qu'ils comptent pour retrouver la gloire passée ..

Le Sorcier Majdar
La Cité Interdite
Le Royaume de l'Oubli
La Guerre des Sorciers

Série Quête du Graal
J.H. Brennan

C'est Merlin l'Enchanteur en personne qui vous envoie en mission : là où ont échoué Lancelot du Lac et tous les preux chevaliers de la Table Ronde, vous, Pip, réussirez-vous ?

L'Antre des Dragons
Le Château des Ténèbres
Les Portes de l'Au-Delà
Le Voyage de l'Effroi
Au Royaume de l'Épouvante
Le Temps de la Malédiction
Le Tombeau des Maléfices
La Légion des Morts

Série Épouvante
J. H. Brennan

Traqueur ou traqué, homme ou monstre, vous devrez établir votre parcours de chasse. Retrouvez l'ambiance inquiétante inspirée de la légende du comte Dracula et du roman *Frankenstein* de Mary Shelley (Folio Junior).

Frankenstein le Maudit
Le Château de Dracula

SÉRIE SHERLOCK HOLMES
Gerald Lientz et Peter Ryan

Qui sera capable de résoudre les énigmes les plus obscures, d'éclaircir les plus noirs mystères, si le grand Sherlock Holmes lui-même se trouve dans l'impossibilité de prendre les choses en main ? C'est vous, bien sûr, qui mènerez l'enquête dans les bas-fonds de Londres ou dans la bonne société victorienne... Votre réussite dépendra de votre capacité à recueillir des indices, à établir des déductions et à prendre des décisions dans les moments les plus critiques.

Meurtre au club Diogène
L'Émeraude de la Rivière Noire
Le Maître Chanteur d'Appledore
Le Crime du Docteur Watson
La Conspiration des Dynamiteurs
Un Duel dans le Yorkshire
Pour l'Honneur de la Reine
L'Héritier Disparu

SÉRIE SUPER SHERLOCK
Ian Bailey

Saurez-vous résoudre ces affaires avant que Scotland Yard ne s'en mêle ? Mériterez-vous la réputation de Super Sherlock ?

Le Mystère de Compton
La Villa des Revenants

Série Défis de l'Histoire
Herbie Brennan

Plongez au cœur des civilisations les plus extraordinaires que l'humanité ait jamais connues. En vivant une aventure passionnante mais semée de mille dangers, vous allez remonter le cours du temps pour vous retrouver à l'époque de Zeus aux côtés d'Achille, à l'intérieur d'une pyramide de l'Ancienne Egypte à la recherche d'un trésor fabuleux, ou encore à Rome aux jeux du Cirque.

La dernière folie de Caligula
Le Trésor des Pharaons
La guerre de Troie aura-t-elle lieu ?
Le Sacrifice des Aztèques

Série Dragon d'Or
Dave Morris et Oliver Johnson

Il y a bien longtemps que plus personne – pas même vous – ne connaît plus votre nom, mais tous tremblent devant le Dragon d'Or ! Vous devrez vous montrer digne de ce surnom.

Le Tombeau du Vampire
Le Seigneur de l'Ombre
La Malédiction du Pharaon
Le Dieu Perdu

Achevé d'imprimer
en septembre 2000
sur les presses de
la Société Nouvelle Firmin-Didot
Mesnil-sur-l'Estrée

Loi n° 49-956 du 16 juillet 1949
sur les publications destinées à la jeunesse

N° d'imprimeur : 52573
1er dépôt légal dans la même collection: octobre 1985
Dépôt légal : octobre 2000
ISBN 2-07-054402-8
Imprimé en France

96697